信息化项目管理理论与创新实践研究

李亚鹏　赵嘉盈　金伯琛　◎　著

吉林人民出版社

图书在版编目(CIP)数据

信息化项目管理理论与创新实践研究 / 李亚鹏 , 赵
嘉盈 , 金伯琛著 . -- 长春 : 吉林人民出版社 , 2022.8
　　ISBN 978-7-206-19463-4

　　Ⅰ . ①信… Ⅱ . ①李… ②赵… ③金… Ⅲ . ①信息系
统 – 项目管理 – 研究 Ⅳ . ① G202

中国版本图书馆 CIP 数据核字 (2022) 第 204349 号

信息化项目管理理论与创新实践研究
XINXIHUA XIANGMU GUANLI LILUN YU CHUANGXIN SHIJIAN YANJIU

著　　者：李亚鹏　赵嘉盈　金伯琛
责任编辑：赵梁爽　　　　　　　　封面设计：李　君
吉林人民出版社出版 发行（长春市人民大街 7548 号）　邮政编码：130022
印　　刷：石家庄汇展印刷有限公司
开　　本：710mm × 1000mm　　　1/16
印　　张：12.75　　　　　　　　字　　数：220 千字
标准书号：ISBN 978-7-206-19463-4
版　　次：2022 年 8 月第 1 版　　印　　次：2022 年 8 月第 1 次印刷
定　　价：68.00 元

如发现印装质量问题，影响阅读，请与印刷厂联系调换。

前　言

　　科技的迅猛发展，在全世界掀起了信息化建设的浪潮。在现代社会的发展中，信息化的影子无处不在，因为这不仅是现代化建设的有利条件，也为人们的生产和生活提供了发展机遇。

　　信息化是利用现代信息技术来改造社会的各个方面，以推动社会的整体进步。信息技术推动了信息化项目的发展。在项目建设与管理上，我们需要合理运用信息技术，促进传统产业同数字化技术有机融合，使其获得升级，以更好地实现创新发展。

　　当前，我国正处于社会主义现代化建设的关键时期，应该大力推广经济与社会的信息化，这是顺应世界信息技术发展、面向市场需求、促进工业化创新的良好时机，有利于实现我国经济的跨越式发展。为了对信息化项目的管理和创新有一个更深入的研究，笔者查阅了很多学者的资料，也走访了有关的专家，积累了丰富的经验，为探索信息化项目管理建设和创新提供了理论依据。

　　本书对信息化项目管理和创新进行了深入分析，共分为六章：第一章对信息化项目管理的相关概念进行了论述，利于人们了解信息化、项目管理等理论知识；第二章对信息化项目管理的背景和业务过程展开了分析，也探讨了信息化项目建设的不同发展阶段；第三章探索了工程项目管理的信息系统，对单业务应用系统、综合业务应用系统和工程项目总控系统与信息门户展开了全面分析；第四章对项目管理信息化的基础准备、实施模式、未来发展趋势等进行了逐一论述，也对工程项目管理信息化规划和建设的标准化进行了分析；第五章概述了信息化的顶层设计；第六章结合相关案例分析了信息化项目管理的创新运用效果。

　　本书的撰写借鉴了很多学者的资料，在此深表感谢。但由于时间紧迫，书中难免存在疏漏之处，望广大专家和学者给予批评与指正。

作者

2022 年 3 月

目 录

第一章　信息化项目管理的概念

第一节　信息和信息化

一、信息的概念

从信息科学的角度来说，信息是表征客观事实的、可通信的信号和符号系统。按照反映形式，信息可分为数字信息、文字信息、图像信息和声音信息等。

信息是客观世界各种事物特征的反映，包括事物的有关属性状态，如时间、地点、程度和方式，等等。人们通过自己的感官可以获得和释放信息。但是，大量的信息需要通过各种工具（包括仪器设备）进行处理才能被人们获得。信息可以形成知识。人们正是通过人类社会留下的各种形式的信息来认识和改造世界的。信息如同物质、能量、空气、阳光一样，普遍存在于物质世界和精神世界之中。一般来讲，信息具有传递、共享、时效、可加工、可保存、可复制等一系列属性。

这样一来，对信息的处理也就自然成为人们日常生活中最常见的工作之一。信息处理通常包括信息的采集、储存、加工及传送。人本身就具备一定的信息处理能力。在现代社会里，信息的作用难以估量。例如，一个有价值的经济和社会信息可以帮助工厂获得巨额利润，一条准确的气象预报可以使人们的生命、财产免遭重大损失，一则确切而又及时的股市信息可以使股票持有者一夜之间成为富翁。信息资源和物质资源（如土地、森林、矿产、原材料、能源等）一样，是国家极其宝贵的财富，是推动人类社会发展的重要动力。

与信息有关的名词如下。

（一）数据

数据是信息特征表现的载体。人们在进行信息处理时，实际上处理的具体对象是表现信息某一些特征的载体——数据。数据可以通过人的感官或人的感官延伸（各种仪器设备）被识别、存储和加工，成为有价值的（或称有意义的）数据时便是信息。把数据转换成有价值信息的过程称为数据处理。随着计算机应用领域的扩大，数据的范畴包括整数、实数、复数、字符串、图像和声音，等等。

（二）知识

知识是人类在改造世界的实践中所获得的认识和经验总结。一般来讲，信息只是人类大脑思维的原料；知识则是人类大脑对大量信息进行加工后形成的，是人类认识的结果。认识过程就是知识产生的过程。人类在生产劳动和社会实践中对信息进行筛选、分析、记忆、思维、积累、处理，使信息上升为知识。

（三）信息技术

信息技术是信息加工、处理、保存、传播过程中所用的方法和工具的总和。随着时间的推移，信息技术在不断更新，效率也在不断提高。随着当今计算机技术和网络技术的发展，通信技术也得到迅速发展，且与信息技术相互渗透。如今，信息技术已经成为集计算机、网络、通信、信息服务于一体的综合性先进技术。

（四）数字通信

把信息转化为简单的数字形式，即用"0"和"1"这样的数字符号来传递信息的通信方式叫作数字通信。现代数字通信有许多优点，如抗干扰能力强，传输距离长，便于存储、处理和加密，设备功耗低，体积小，重量轻等一系列优点。其传输系统易于同光纤通信、卫星通信等新的传输系统配合。

现代数字通信虽然历史较短，但它发展迅速，正发挥着越来越重要的作用，得到了越来越广泛的应用。

（五）数字化

一方面，数字化可以理解为数字通信传输技术在各个领域广泛应用的进程；另一方面，数字化实际上描绘了一个人们向现代科学技术、经济、文化、社会和生活方式迈进的进程，例如，现代经济——数字化经济，现代文化——数字化文化，现代城市——数字化城市，现代生活方式——数字化生活方式，现代教育——数字化教育，现代社会——数字化社会，等等。

随着人们信息活动的不断增长，工业产品中信息成本的比例也在不断增长。信息技术在各个领域得到了广泛和有效的应用，可以引发产业结构、就业结构、社会组织和个人行为方式的重大变化，也可以赋予数字化经济、文化、教育、社会和生活方式以丰富的内容。

（六）信息系统

所谓信息系统，通常是指为实现对组织中各项活动的管理、调节和控制目的而进行的信息采集、存贮、处理与传递功能的特定系统。它由人、通信设备、计算机硬件、软件和数据资源等组成，是一个集成系统。它包括信息处理和传输等子系统。信息网络系统、信息资源系统和信息应用系统都属于信息系统范畴。

二、信息化概述

（一）信息化基本定义

信息化是指在人类社会里，包括政治、经济、文化、军事等各个领域广泛应用现代信息技术，深入开发和充分利用信息资源，促进国民经济增长和社会发展，不断提升现代化水平的进程。

这一表述具有如下含义。

（1）信息化不仅与国民经济增长密切相关，还与社会发展密切相关。信息化包含国家和地区信息化、经济和社会信息化、城市和农村信息化、政府和企业信息化、教育文化领域信息化、军事信息化等各个领域。

（2）在技术上，信息技术是信息化的技术基础和技术核心。信息化通过数字化来逐步实现。以集成电路、计算机、通信为代表的新兴产业将得到充分发展和融合，并为技术创新提供新的途径。信息化既要立足于信息技术应用，又要着眼于信息资源的开发与利用，不仅涉及技术和管理，而且涉及国民经济和社会等各个方面。

（3）信息化建设更是为了适应社会组织的技术变革和管理变革的需要。制订和组织信息化的过程，也是对社会组织进行创建和各种改造的过程。信息化项目的建设必须与管理变革相适应。

（4）信息化可以促进现代化发展。建设和实现国民经济与社会信息化是一个动态的进程。在未来一个相当长的时期内，信息化将成为人类社会发展的最重要的途径之一。实现信息化是一个不断发展的过程，它将有力促进经济和社会向前发展，同时，需要建立起支撑信息化的新的产业体系，实现传统产业的改革和产业优化升级，加强各个领域的信息化普及和应用。

（二）国家信息化及其体系

国家在 1997 年 4 月召开了全国信息化工作会议，要求对现代信息技术进行统一规划，使其在工业、农业等各方面得到运用，使各种信息资源得到有效的开发，从而更快地促进我国现代化建设的进程。

国家信息化的含义：一是为四个现代化所服务的信息化；二是由国家所统一规划的信息化；三是广泛应用于各行各业的信息化，同时要对信息化资源进行深入发掘；四是不断发展的信息化，需要持续向前进步和发展。

对于信息化技术，国家正积极地进行统一规划和运用，制定了相应的信息化规范和法规，同时对各种信息资源、信息人才进行了发掘和运用，建立合理的信息化安全保障体系。这使我国的信息化建设成为一个能够推进现代化建设的有机整体，有利于我国当代国情的发展。

（三）信息化发展的重要性和紧迫性

当前，信息产业发展对国民经济发展和社会的进步带来的深刻影响已引起世界各国的普遍关注。

中国是发展中国家，加入世界贸易组织后，同发达国家之间的竞争也越来越多。近几年，我国信息产业有了快速的发展和强劲的增长势头。为使我国的经济和社会在协调中迅速进步，我国加强了对信息化的大力发展，采取现代化建设的战略性举措，通过实现经济和社会信息化来带动工业化发展，使社会生产力有了飞跃性的进步；另外，利用企业电子商务来推动服务和营销的变革，不断拓展工业市场的规模，降低了生产成本，更建立起了能够便捷支付的信息系统，极大地促进了电子商务的发展。这些措施都为我国信息化的发展提供了基础。

第二节　项目和信息化项目

一、项目的概念

这里指的项目，一般为建设项目，是指在一定约束条件下（如开发工期、开发成本和开发质量，等等）具有明确目标的一次性事业。项目具有以下特征。

（1）一次性特征。在一个项目的建设过程中，某些阶段可能有重复，但整个建设过程不可能重复多次。

（2）生命周期或生存期特征。项目通过立项批准后，意味着项目诞生；项目通过竣工验收后，意味着项目结束。从诞生到结束的整个时间阶段便是项目的生命周期。

每一个项目都有限定的时间、质量和资源约束。由项目产生的目的来看，每一个项目都有明确的实施要求和目标，它是项目诞生的意义所在，也是项目所赋予的真实内涵。为了完成某一项目，应根据项目的实施目标，在约束条件许可的情况下，进行有效的组织和领导，制订和实施项目计划，控制项目风险程度，评估项目执行效果。

根据范畴性质的不同，项目可以分成许多类型，而本书讨论的只是信息化项目。

二、信息化项目概述

（一）信息化项目基本定义

在信息化发展规划中，一般会提出信息化发展的总目标、分步实施的阶段目标，以及为实现这些目标而需要分阶段完成的若干具有信息化功能的建设任务，而每一个任务可以由一个或若干个建设项目组成。所以，根据一定区域或单位的信息化发展需要，采用现代通信技术和计算机技术等主要手段，以信息网络、信息资源和信息应用为主要建设内容的工程建设项目，便被称为信息化项目。

根据这一定义可知，信息化项目是为实现一个地区或组织的信息化发展目标而制订的，是该实施范围内现代化建设的需要，是一个综合性的建设项目。而信息系统、公共信息系统均属于信息化项目范畴。信息化项目建成后，其成果形式通常由一个或若干个信息系统、信息基础设施、配套设备、土建支持等组成。

信息系统的新建、升级和改造工程也被统称为信息化项目。

（二）信息化项目主要特征

信息化项目的主要特征如下。

（1）是一个大型复杂系统。

（2）往往需要政府、社会方方面面的协调配合。

（3）实施的时间节点性强。

（4）具有特有的项目生命周期。

（5）往往需要变革原有的管理机制。

（6）项目投资较大且风险性较高。

（三）信息化项目生命周期

根据信息化项目建设的特征，整个信息化项目的全生命周期是从最初的规划开始，经建设、运行、扩容或升级，直到系统报废为止所经历的所有阶段的顺序组合。按发生的次序，一般分为项目立项、项目实施、系统运行三个阶段。

1. 信息化项目立项期

信息化项目的立项期，是指根据研究和编制的信息化发展规划进行项目策划，提出项目建议，然后经过可行性研究，最后使立项报告得到批准的项目前期阶段。由于此时工程项目尚处于胚胎阶段，项目立项期亦可被形象地称为项目孕育期。

在信息化项目的立项期内，工作的主要内容包括信息化项目策划、信息化项目建议书的编制与审批、信息化项目可行性研究与审批。在信息化项目建议书和可行性研究报告中，一般包括信息化项目的需求预测、项目管理的总体组织架构定义、项目建设的总体规划、工程建设的初步计划、项目建设的可行性论证等具体内容。

2. 信息化项目实施期

信息化项目的实施期，是指从项目建设的参与方选择开始，经过工程设计、工程实施、工程测试验收、观察期运行维护和项目后评估等子阶段的整个项目实施阶段。在这一阶段内，信息化项目处于实施过程中并随着实施过程的推进逐步成长。因此，信息化项目的实施期也可以被形象地称为项目成长期。

3. 信息化项目系统运行期

信息系统作为信息化项目建设的成果，其稳定运行维护期的主要工作是进行系统运行和维护管理。此时系统已经通过后评估，运行基本稳定，因此，信息化项目的稳定运行维护期也可被称为稳定期运行维护阶段。对项目形成系统的维护是信息化项目正常运行的保证，必须给予充分的重视，并从人员、规章制度和资金等各个方面做好相应的安排。此阶段实际上是系统的运行使用并发挥效益的过程。因此，信息化项目系统的运行期也可被形象地称为信息系统使用期。

值得注意的是，在上述的全生命周期中，工程设计和工程实施两个子阶段之间的边界常常难以被明确划分。信息化项目工程设计的方法和标准规范还不够成熟和完善，对两个阶段之间的划分也没有统一的衡量标准，因此在实际工程建设过程中存在边设计、边开发和边应用的"三边工程"现象。但是，为了降低项目实施的复杂度、控制项目实施的进程，对于特定的一个信息化项目，应该制订适合该项目实施的规划，明确划分工程设计与工程实施之间的边界。

信息化项目的报废是该项目生命周期的结束，而系统的扩容、升级、改建、迁建则是原项目生命周期的延续，并非新项目生命周期的开始。

第三节　信息化项目管理概述

信息化项目管理是随着信息化建设事业的兴起而发展起来的。重视信息化项目管理，研究它本身的特点与规律，能够帮助人们实现项目原来的规划和设计要求，降低项目成本，保证项目工期，确保项目质量，达到信息化建设为人民服务、促进现代化建设的目的。

一、信息化项目管理的定义

信息化项目管理是指在信息化项目建设的整个生命周期内，按照该项目的约束条件，组织项目执行团体，利用有限的时间、资源、人力，运用系统管理的理论和信息技术的规范对项目进行有效的组织、协调、控制，以便在项目的目标、计划、合同、工期、质量、投资总额等约定条件下，圆满地实现项目预定目标的管理活动。

二、信息化项目管理的任务

信息化项目管理作为一种工程项目管理，必须遵循其特有的规律，运用系统管理的理论和方法对项目及其资源进行计划、组织、协调和控制，实现工程项目预定的目标。其主要任务如下。

（一）计划任务

把信息化项目建设过程中的全部活动和项目目标都纳入计划范围，用一个动态的计划系统来安排整个项目的建设，使矛盾得到有序、协调的解决，达到预期的目标。

（二）组织任务

建立一个有效的项目管理组织保证系统，通过职责划分、授权、签订合同等方式进行高效率的组织运转，以确保项目目标的实现。项目管理的组织系统包括业主单位、承建单位和监理单位，等等。它们各自又有严密的组织系统，相互进行组织运转，使复杂的信息化建设项目得以建成。

（三）协调任务

信息化项目有若干不同的建设阶段、参与机构、组织层次和技术专业，它们之间存在大量的结合部，而对这些结合部进行协调和沟通是项目管理的重要任务。其中，组织协调和人际关系协调最为重要。

（四）控制任务

控制任务通过计划、实施、检查、反馈和调整来完成，主要是对项目的投资、进度和质量三大目标进行控制。在项目规模大、参加人员多的情况下，没有完善的组织机构和制度将无法协调各个部门的工作。

三、信息化项目管理的模式

信息化项目管理需要具备综合知识的人员（被称为项目领导人、负责人或经理）进行领导和团体（由临时命名的项目实施组织、机构或队伍）着手实施。在早期的信息化项目建设过程中，建设队伍是由业主自己构成的，后来逐步过渡到由业主方与承建方双方构成。业主与承建方之间缺乏公正的第三方管理与协调，而业主与承建方所持的立场和所擅长的业务领域又有所不同，往往导致许多不必要的矛盾产生。近年来，随着信息化建设事业的发展，人们越来越清醒地意识到其他建设工程项目管理模式对信息化项目建设具有很好的借鉴意义，开始推行业主方、承建方和监理方的三方项目管理模式。

信息化项目作为一种建设项目，与传统建设项目的管理一样，不但需要建立项目监理制的共性，而且这一项目管理模式对信息化项目建设更为必要，其主要原因是信息化项目建设管理的专业性强、复杂度高、难度较大。

在三方管理模式中，业主方进行项目总管理，即全生命周期的管理，承建方主要进行方案设计和实施方面的管理；而监理方受业主方委托，按监理合同对项目进行全过程相应的管理。三方的关系有三种模式：咨询模式、代甲方模式、协作模式。

在咨询模式中，监理方只与业主方有关系，向业主方提供有关的业务咨询；在代甲方模式中，业主方对项目的管理主权委托监理方执行；在协作模式中，三方都参与项目管理，各司其职，相互协作。

由此可见，信息化项目管理模式应采用业主方、承建方和监理方三方协作的管理模式最为合适。信息技术属于现代高新技术范畴，业主方对信息化项目的建设业务往往不太在行，有的甚至很陌生。因此，在项目建设过程中，采用监理方协调业主方与承建方的关系，并对项目推进的全过程进行监督和管理的模式是十分必要的，即由业主方负责项目的全过程管理，承建方负责项目方案设计和实现过程中的业务管理，监理方受业主方的委托按照监理合同进行项目的全过程监督和管理。

按照信息化项目全生命周期的管理要求，在规划阶段，监理方可以为业主方提供有关信息化项目建设的业务咨询，协助业主单位进行项目功能需求的策划和可行性研究，对项目的建设规模、建设周期和投资回报等因素做好规划工作；在项目设计和实现阶段，三方应该按照制度对设计方案进行评审，对项目的质量、进度和投资进行管理和控制；在竣工验收阶段，三方应该按照制度对项目进行全面测试和评价；在后评估阶段，三方应该对项目的运行状况和应用效果进行评估，将项目的实际应用效果与项目规划立项时的预期目标进行比对，为项目以后的运行维护和升级换代提供参考。

总之，业主方、承建方和监理方三方协作的管理模式是对项目质量、进度和投资进行管理的有效模式。科学、合理地采用项目管理方法是信息化项目建设成功的要素之一。

另外，在信息化项目建设过程中，还应该配备适当的外聘专家队伍。信息化项目所涉及的社会领域、经济领域和信息技术领域很广，项目建设的决策风险也较大。为了强化决策的科学性并降低风险，在系统规划、需求分析、方案评审、竣工验收、系统后评估等关键环节，有必要外聘一些专家作为顾问帮助把关。外聘专家一般应站在第三方的角度客观地对项目的建设提出意见和建议。当然，专家的作用主要是帮助把关，提供决策参考意见，至于开发、测试等具体工作和长期的责任则不宜让专家承担，而应该让承建方、监理方和第三方测试机构来承担。

四、信息化项目管理的知识体系

信息化项目管理涉及的知识体系是十分全面的，从其特点来看，分为政策法规、信息技术、项目管理、标准和规范四个方面。

（一）政策法规

首先，从事信息化项目管理的人员必须全面、系统地学习与我国信息化项目建设相关的政策和法规。在立项审批阶段，必须严格执行国家和地方政府关于信息化项目立项审批的程序和制度；在招标阶段，必须严格执行国家招投标法、政府采购法和合同法；在项目咨询监理过程中，必须严格执行信息化工程监理的相关法规；在信息化项目建设的整个过程中，必须严格执行信息化项目建设的流程管理法规和质量管理法规，等等。

其次，信息化项目建设行业是一个新兴行业，相应的政策和法规正在逐步建立、健全和完善。信息化项目建设工程的项目管理人员必须密切跟踪国家有关政策、法规的发展，不断更新和充实政策、法规知识，以适应信息化项目管理的需要。

（二）信息技术

信息技术是从事信息化项目管理的基础知识之一，主要包括计算机软硬件技术知识、现代通信技术知识、系统分析与建模等控制学科知识、信息组织与管理知识、电子技术基础知识，等等。信息技术正在不断发展，并且是当今发展最迅速的技术领域之一，因此不断学习和完善信息技术的知识体系以及不断更新和充实新的信息技术知识就显得极为迫切和重要。

（三）项目管理

信息化项目规模较大，需要的人员较多，因此没有完善的组织机构和制度就无法协调好各个部分的工作。信息化项目管理作为一种工程项目管理，必须遵循其特有的规律，运用系统理论和方法对项目及其资源进行计划、组织、协调和控制，实现工程项目预定的目标。通常来讲，信息化项目管理知识包括投资管理知识、质量管理知识、进度管理知识、合同管理知识和信息管理知识等。

（四）标准和规范

信息化项目的建设无论在信息技术方面还是在技术管理方面都涉及诸多因素。这些因素的协调除了技术协调和管理协调之外，还必须有统一的标准和规范作为依据。其中，在信息技术方面，信息化项目的建设涉及各种软硬件及其接口关系，各种软件开发、系统集成都必须遵循相应的标准和规范，这样，系统才是可集成、可扩展和易维护的；在技术管理方面，信息化项目的建设涉及承建方、监理方、业主方和用户方等各个方面，各方内部和外部之间的工作协调都依赖于相应的技术管理规范，只有建立在相应规范基础上的技术管理才符合科学管理的要求。

第四节　信息化项目管理的基本要素

信息化项目管理有九个基本要素，它指出了信息化项目管理的责任范围，包括项目集成管理、范围管理、时间管理、成本管理、质量管理、人力资源管理、沟通管理、风险管理、采购管理。这些要素始终贯穿于信息化项目管理的整个过程中，是信息化项目管理的核心内容。

一、信息化项目集成管理

这是一项综合性、全局性的工作，主要内容是为满足各方需求而进行协调以达到预期的目的。项目集成管理主要包括项目计划制订、计划实施、综合变更控制三个过程。

（一）项目计划制订

在集成管理中，信息化项目计划制订就是根据项目规划，创建一个内容充实、结构紧凑、切实可行的文件，以指导项目的实施和控制。信息化项目计划主要涉及以下内容：引导项目的实施，促进项目参与者之间的沟通，确定项目实施内容、范围和时间，为进一步提高项目质量和控制项目的水平提供一个标准的制约因素和条件。

在信息化项目计划制订过程中，需要进行大量的信息收集、整理和加工处理工作，这将会产生两项重要的成果——项目计划和辅助说明。其中，项目计划是正式的、被批准的用于管理和控制项目实施的文件。

（二）项目计划实施

信息化项目计划实施过程是完成整个项目计划任务的过程。它的主要依据是项目计划和辅助说明。计划实施过程是项目中最有影响的过程，其主要管理内容是协调和解决项目中存在的各种技术和组织问题，以实现信息化项目计划制定的目标。

另外，在信息化项目计划实施中，通常不能保障整个项目完全按照原先的计划实施。当项目有了偏差时，就需要采取一定措施来降低偏差对于项目的影响，而这些措施被称为纠偏措施，并作为信息化项目计划实施的一部分。

（三）综合变更控制

对于信息化项目而言，变更是必然的。为了将项目变更的影响降低到最小，就需要采用变更控制的方法。综合变更控制手段主要包含以下内容。

（1）寻找造成项目变化的因素，并尽量使这些因素向有利的方向发展。

（2）判断项目变化范围是否已经发生。

（3）一旦确定变化范围已经发生，就必须采取切合实际的处理措施。

进行综合变更控制的主要依据包括项目计划、变更请求和提供项目执行状况信息的情况报告。

综合变更控制的结果主要包括更新的信息化项目计划、纠正措施和经验总结。

二、信息化项目范围管理

范围管理指信息化项目所涉及的工作范围，是信息化项目功能、信息资源和可用时间的结合体，定义并控制哪些是项目范畴内的、哪些不是项目范畴内的；其基本内容包括项目启动、范围计划编制、范围定义、范围核实和范围变更控制，等等。

（一）启动

一个信息化项目计划的正式启动，需要在研究战略计划、发展规划、项目选择标准和有关技术以及历史资料之后，才能做出有效的选择。项目选择方法通常被称为决策模型，如利润测量方法（比较研究法、评分模型、利润贡献或经济模型）和制约最优化方法（数学模型：用线性的、非线性的、动态的目标项目决策支持系统）。决策模型既包括常规技术（决策树、核心选择和其他），也包括特殊技术（历史进程分析、逻辑结构分析及其他）。另外，还可以进行专家评审。

（二）范围计划编制

在范围计划编制中，需要指出信息化项目范围阐述、辅助说明、范围管理计划。编制范围计划是将项目的范围不断明细和进行归档的过程，必要时，可组织专家进行评审。范围计划编制工作需要参考很多信息。项目启动阶段的成果是编制项目范围计划的基础，通常它对项目范围已经有了粗线条的约定，范围计划将在此基础上做进一步深入和细化。

（三）范围定义

范围定义包括分解主要信息化项目的工作细目（包括子信息化项目），使它变得更小、更易管理、更易操作。其主要目的如下。

（1）提高估算成本、时间和资源的准确性。

（2）为绩效评估和控制确定一个基准线。

（3）使工作变得更易操作，责任分工更加明确。

正确的范围定义是信息化项目成功的关键。如果由于范围的不确定而频繁发生范围变化，就会造成返工、延长工期、降低团队士气等一系列不利的后果。给出范围定义的主要依据包括范围阐述、制约因素、假设条件、规划输出和历史资料，等等。

（四）范围核实

范围核实是通过项目参与者的行为正式确定项目范围的过程。它要求回顾生产工作和生产成果，以保证所有项目都能准确、满意地完成。如果这个项目已提前终止，这个范围核实过程也应该证实并应以书面文件的形式把它的完成情况记录下来。

（五）范围变更控制

信息化项目管理应该包含一套严格、高效、实用的变更程序，用于范围变更控制。

范围变更经常要求对成本、时间、质量及其项目目标进行判定，根据需要进行更新，并通知参与者；同时，应该把各种变化的原因，以及从范围变更控制中得出的经验教训当作文件记录下来，这样做的目的是把这些资料变成历史记录的一部分，供以后参考。

三、信息化项目时间管理

在信息化项目的实际推进中，合理地安排项目时间是项目管理中的一项关键内容，其目的是保证按时完成项目、合理分配资源、发挥最佳工作效率。它的主要工作包括定义项目活动及任务、活动排序、活动工期估算、制订进度计划、监控项目进度，等等。

（一）定义活动及任务

在信息化项目实施中，要将所有活动及任务列成一个明确的清单，并且让项目团队的每一位成员能够清楚地知道需要处理的工作。清单应该采取文档形式，以便于使用和管理。

（二）活动排序

建立信息化项目关键的事件及对关键的目标时间节点进行排序是工作中重要且有效的办法，它可以使相关人员明确信息化项目活动之间的依赖关系和工作顺序。

（三）活动工期估算

活动工期估算主要结合信息化项目的资源计划和项目范围等对项目活动的工期进行估算，所估算的工期应该符合现实工程项目的施工需求，并且以保证质量为前提。对工期的估算既要考虑外界环境的影响，也要对人员因素、资源需求、活动清单等进行综合考虑。不仅如此，工期估算还要考虑风险因素的影响，因为风险因素的影响对具体的工程项目施工具有不可忽视的作用。估算完工程工期后，要量化出相应的数据，将这些数据制成符合需求的文档，然后对活动清单进行优化和更新。工期估算的方式有很多种，如模拟估算、专家评审，等等。

（四）制订进度计划

制订进度计划可以结合项目网络图、工期、资源需求和共享情况、项目工作日历、进度限制、分线管理计划、活动特征等内容来进行。一般进度计划的制订可以采用加强日期形式和关键事件或主要里程碑形式这两种形式。加强日期形式是利用活动前后关系对活动进度进行限制，如一项活动不能比其他活动开始得更早，也不能比其他活动结束得更晚；关键事件或主要里程碑形式可以根据里程碑事件来决定时间进度，并根据这个时间来制订符合时间进度的计划。

制订信息化项目进度计划，应该对活动的最早和最晚的开始以及结束的日期进行计算，并构建出时间进度网络图，再结合冗余因素、资源因素等对活动时间做出相应的调整。

在管理时间上，比较有用的方法是关键路径法，即对最小任务单位计算工期，并计算出最早和最迟的开始和结束的日期，然后规划出一定活动顺序的网络逻辑图，并从逻辑图中寻找出最短的路径，即这个路径就是关键路径。

（五）监控项目进度

进度控制是对执行进度的监控，一旦发现其出现偏差或错误，就应及时做出纠正。进度控制过程中应考虑能够对项目进度产生影响的各种因素，一旦进度表产生变更，就应采取相应的措施进行妥善处理。在项目管理中，信息化项目管理软件得到了有效的运用，其能够完成对资源的分配和对成本的计算，还能对进度交叉问题进行处理，并将进度表打印出来。此外，项目管理软件还可以记录项目执行和完成情况、完成对项目计划的跟踪等，也能给出对项目具有实际和潜在影响的分析。

四、信息化项目成本管理

项目成本管理主要是增加项目现金流入，尽量减少项目现金的流出。信息化项目可以分解成不同的子系统或生命周期，对不同子系统的成本进行估算并汇总成本，就能将信息化项目的总体成本估算出来。项目成本估算的实施就是控制项目活动的费用，使其在预算之内。项目前期需要进行实际的调研，否则难以将项目活动的成本准确估算出来。一些没有经过预测和分析的项目就可能存在现金流和财务执行决策失误的情况。成本管理的内容主要有以下方面。

（一）资源计划编制

资源计划能确定项目活动所需资源的数量，同成本估算有着紧密的联系。

（二）成本估算

为了完成信息化项目各项任务所需要的资源成本，需要进行成本近似估算。常用的三种成本估算方法如下。

（1）类比估算，是一种自上而下的估算形式，通常在项目的初期或信息不足时进行。

（2）参数估算，是一种建模统计技术，如回归分析等。

（3）自下而上估算，通过对项目工作进行详细的成本估算，然后通过成本账户将结果累加起来得出项目总成本。这种方法最为准确。

（三）成本预算

成本预算是把估算的总成本分配到各个工作细目，建立基准成本以衡量信息化项目执行情况。成本估算中所用的工具和方法同样适用于编制各项工作成本的预算。通过成本预算，我们就能得到基准成本。基准成本被用于度量和监督项目执行成本。

（四）成本控制

成本控制包括监督成本执行情况以及发现实际成本与计划的偏离情况。应把一些合理的变更纳入基准成本中，防止不正确的、不合理的、未经许可的变更包含在基准成本中，并把合理的变更通知项目各有关方面。

五、信息化项目质量管理

信息化项目的质量管理不仅是项目完成后的检查，更包括在整个项目实施过程中各个阶段性工作的质量管理及在整个实施过程中的全面质量控制。

大量实践证明，导致信息化项目的成败往往是管理上的问题（协同工作的能力），而不是技术上的问题。"ISO9000"的术语中对质量体系的描述如下：组织结构、责任、工序、工作过程，以及具体执行质量管理所需的资源，包括质量保证过程和质量控制过程两方面。这两个过程相互作用，在实际应用中还可能会发生交叉。质量管理包含以下方面。

（一）质量计划编制

编制质量计划以明确质量控制范围、质量要求、质量标准和规则，以及其他与质量相关的内容。编制质量计划的手段包括效益和成本分析、基本水平标准、试验设计，以及如何具体实施它的质量策略，等等。

（二）质量保证

质量保证为项目提供一个信用，以证明信息化项目将达到的有关质量标准，并在质量体系中开展有计划、有组织的工作。它贯穿于整个项目的始终。

同时，还可以采用质量审查的办法，提高项目的执行水平。质量审查可以是有进度计划的，也可以是随机的，还可以由训练有素的内部审计师或者第三方（如质量体系注册代理人）执行。

（三）质量控制

质量控制贯穿于信息化项目执行的全过程。它包括监控特定的项目成果，以判定它们是否符合有关的质量标准，并找出方法消除造成项目成果不尽如人意的原因。其中，项目成果包括阶段成果（如阶段工作报告）和管理成果（如进度的执行）。

六、信息化项目人力资源管理

"天时、地利、人和"一直被认为是信息化项目成功的三大因素。其中，人是主观因素。信息化项目组成人员的构成、责任心、能力和稳定性对项目是否成功起到决定性的作用。

（一）组织保证

任何复杂艰巨的工程任务都是靠人来完成的。组织保证在信息化项目建设过程中起到了决定性的作用。

首先，建立一个由主要领导、技术人员和业务人员构成的、各负其责的、协调统一的常务组织机构是信息化项目建设的必要保证。在信息化项目建设中，业主方领导起着关键作用，他们不仅是组织、资金、人才等的支持者，更是信息化项目的建设者。只有坚持这一"领导是建设者"的原则，信息化项目的设计、开发和实施工作才能顺利开展，成果也才能快速被各业务部门接受。

其次，适当聘请站在局外的第三方专家作为系统开发的顾问。这些专家可以较为客观地提出规划意见和建议。

再次，业主方技术人员的充分参与是信息化项目建设成功不可缺少的条件，所以应该吸引他们进入项目承建组，共同设计和开发信息化项目。这样有助于我们提出实际需要的界面、格式和流程，确定具体实现方法，从而既保证应用软件的实用性和开发的快捷性，又减少今后运行、维护的困难，提高软件质量，为信息化项目的实施奠定良好的基础。

最后，由于信息化项目建设的复杂性，有时一些人为因素超过了技术因素对项目建设的影响。因此，协调好项目建设中的人际关系非常重要，如管理人员与系统开发人员之间的关系，以及与外单位开发人员之间的关系，等等。

（二）做好组织计划的编制、人员获取和团队建设人员培训工作

（1）组织计划的编制。组织计划编制就是确定和分配项目中每位成员所承担的角色、职责和回报关系，包括组织层面、技术层面、人际关系层面等的计划编制。

（2）人员获取。在确定了信息化项目组的人力资源需求后，应按要求做好人员的组织工作。

（3）团队建设。信息化项目的成功很大程度上取决于良好的项目团队。组建优秀的项目团队不仅是一项技术工作，更是一门艺术。

（4）通常可以采用以下几种方式来组建信息化项目团队。

①团队建设活动。项目组需要确立团队工作规则，包括团队如何合作等。

②绩效考核与激励，有利于奖勤罚懒，提高团队成员的工作积极性。

③加强交流，把项目团队集中在同一地点，或安排面对面的会议形式，以鼓励相互之间的交流。

④开展培训，旨在提高项目团队技能的所有活动。

⑤对人员的培训，主要指对系统开发人员的培训与系统使用人员的培训。这两类人员的培训影响到系统开发和使用的成败。

七、信息化项目沟通管理

在信息化项目中，沟通是不可忽视的重要方面，它也是信息化项目经理最重要的工作之一。一个项目经常涉及与多个单位的合作，如部分工作需要其他单位支持配合，部分工程将委托给其他公司实施。在合作过程中，一定要将各自的工作范围和责任范围书面化，并不断进行信息交换和阶段性成果的确认。良好的交流才能获取足够的信息和相互之间的信任，才能及时发现潜在的问题，才能全面控制项目进展的各个方面。沟通管理包含以下几方面。

（一）沟通计划编制

信息化项目沟通计划是项目整体计划的一部分，描述了项目信息的收集和归档结构、信息发布方式、信息内容、进度计划、约定沟通方式，等等。严格来说，一种高效的沟通体系应该落实到具体、规范的沟通计划中。

（二）信息发送

信息发送是指将需要的信息及时传送给信息化项目涉及的人员，它包括实施沟通管理计划以及对突发信息请求做出反应。

信息发送要注意采用合适的沟通技巧。发送者有责任使发送的信息完整、清晰、没有歧义，以便接收者能正确地接收和理解。沟通可以是多种形式的，包括书面和口头的，内部（项目内的沟通）和外部的（与客户、媒体、公众的沟通），正式（报告、指示等）和非正式的（备忘录、特别安排的谈话等），垂直（组织内上下级之间）和水平的（与同级别之间），等等。信息发送通常以项目记录形式保存，包括信函、备忘录、报告和说明项目的文件。

（三）绩效报告

绩效报告包括状况报告、进度报告和预测报告。绩效报告都要提供风险和采购信息。绩效报告常用的分析方法如下。

（1）差异分析。把项目的实际结果与计划或预期结果做比较进行分析。

（2）趋势分析。检查项目实际结果及执行情况，以确定项目发展趋势。

（3）盈余量分析。它把范围、成本和进度等度量标准结合在一起以帮助项目管理人组织评估项目的执行情况，这是衡量执行情况时最常用的方法。

上述分析的结果将反映在绩效报告和变更请求中。

（四）管理收尾

信息化项目在某个项目阶段、在达到目标或因故终止后，就要进行收尾。收尾管理应反映在项目结果文档中，它包括项目记录的收集、对符合最终规范的保证、对项目的效果（成功或教训）进行的分析，以及这些信息的存档（以备将来做参考）。

八、信息化项目风险管理

信息化项目风险涉及组织变更风险、经济风险、心理风险，等等。在信息化项目推进过程中，应提前对这些风险有所认识，问题发生时可以从容冷静地处理解决。风险管理的目标不是避开有风险的项目，而是在风险发生时将对信息化项目的影响降到最低。掌握风险管理的知识与技能，从项目组织、职责、流程与制度上建立一套风险管理机制是确保项目成功的前提与保障。

（一）风险识别

它是管理风险的第一步，即识别整个信息化项目建设过程中可能存在的风险，并评估可能出现的后果。一般根据项目的性质，从潜在的事件及其产生的后果，或潜在的后果及其产生的原因中检查风险。

（二）风险量化

风险量化涉及对风险之间相互作用的评估。

首先要进行风险估计，分析风险的种类和各种风险出现的概率。其中，风险出现概率 = 概率（事件）× 影响力（事件）。

其次要使用风险评估调查表分析风险指数。

最后要利用风险指数并通过评分技术来划分优先级别。

（三）应对计划编制

在确定了项目中存在的风险以及它们发生的可能性后，就要确定项目风险的优先级别。此后，可以根据风险性质和项目对风险的承受能力，制订相应的风险应对计划。

制订风险应对计划主要考虑风险的规避或消除、风险转移、风险局部化、风险最小化、风险投保等几个方面。确定风险的应对策略后，就可编制风险应对计划，它主要包括已识别的风险及其描述，风险发生的概率及其影响，风险应对的责任人，风险跟踪方法及应急计划，等等。

（四）风险监督和控制

信息化项目建设要对风险进行监督和控制，还要预防新的风险的存在。风险监督和控制要对原有的风险变化进行跟踪，分析风险形成的因素和可能产生的后果，然后根据风险的变化制订处理计划，还要及时分析出存在的风险所带来的遗留问题以及新增的风险，最后采取可靠的措施进行应对。

九、信息化项目采购管理

信息化项目采购管理主要是管理各种资源和服务的措施。这些资源和服务是从项目实施组织之外获取而来的。采购管理如果非常出色，就能够让信息项目成本极大地降低。一般情况下，采购管理包括以下内容。

（一）制订采购计划

采购前，应该制订合理的采购计划。先对专家提出的采购意见进行参考，然后结合采购的类型拟造相应的合同，分析采购的方式、内容、数量、时间等问题，最后制订出符合要求的采购计划。制订的采购计划可以非常正式且详尽，也可以非正式而简略概括。另外，制订计划时还需要有相应的采购文件，并设置符合采购的评价标准。

（二）询价计划编制

根据采购计划，采用一系列标准合同、标准采购项目说明、全部或部分标准投标文件来制订询价计划。

（三）询价

询价就是从可能的卖方那里获得谁有资格完成采购任务的信息。该过程的专业术语叫作供方资格确认。获取信息的渠道有招标公告、行业刊物、互联网、供应商目录、约定专家拟定可能的供应商名单，等等。通过询价可获得供应商的投标建议书。

（四）供方选择

根据合同谈判、加权方法、筛选方法、独立估算等既定的评价标准选择供应商。一般情况下，要求参与竞争的供应商不得低于三个。经谈判和评价比较，选定供方，签订供求合同。

（五）采购合同管理

采购合同管理是确保供求双方履行合同要求的过程，一般应包括以下几个层次的协调管理。

（1）授权承包商在适当的时间进行工作。

（2）监控承包商成本、进度计划和绩效。

（3）检查和核实分包商产品的质量。

（4）变更控制，以保证变更能得到批准。

（5）根据合同条款，建立卖方执行进度和费用支付的联系。

（6）采购审计。

（7）正式验收和合同归档。

（六）合同收尾

通过验收和审计，确认合同成功与否，最终形成合同文卷档案。

第二章 信息化项目管理的背景与过程研究

第一节 信息化项目管理的背景

一、信息化项目管理的系统观念和集成观念

信息化不是一个简单的纯技术问题，其牵涉面非常广泛，往往需要从整体上进行综合管理。项目团队及其成员必须从系统的角度出发，树立集成的思想，从系统集成的高度推进信息化工作。

下面回顾一下信息化的发展历程。以企业信息化为例，按计算机应用的规模大致经历了四个阶段。

第一个阶段是单机的计算机应用。例如，采用"CAD"提高工程设计及绘图的效率和质量，采用计算机进行财务、工资或合同等单项管理。

第二个阶段是局域网支持下的计算机应用。用计算机网络技术实现跨部门的计算机应用，如产品设计部门基于网络和数据库的"CAD""CAPP""CAE"，以及各管理部门的"MRPII"应用。其技术水平和效益比前者提高了一些。

第三个阶段是网络数据库支持下全企业范围的计算机综合应用系统，这是信息集成阶段。这一阶段把企业各个单元的计算机应用，如"CAD""CAE""CAPP""CAM""MRPII"、车间管理与控制、质量保证，以及办公、辅助决策等集成起来，实现了信息资源共享与优化运行，使企业产品上市时间（T）更快、质量（Q）更好、成本（C）更低、服务（S）更好，使企业有了更强的竞争能力。

第四个阶段是广域网、因特网支持下的企业间信息集成和资源优化。这一

阶段企业的信息化突破了企业界线，这是敏捷制造阶段的企业信息化。

在实施企业信息化的过程中，工业界和专家学者们注意到其中还存在大量理论和工程问题。

（1）自动化孤岛问题。一般实施信息化的组织都包含范围广泛的各种专业和职能。信息化最开始的阶段由专业人员依靠专业能力开发出计算机工具，可以起到辅助效用。而各系统形成规模后无法彼此形成有效的关联，于是形成了自动化孤岛，这会对信息化技术的效用形成阻碍。

（2）系统构建和实施的问题。信息技术正在飞速发展，需要将其运用于工程领域中，构建出同工程密切相关的系统，同时应保持系统的先进性、实用性、拓展性。

（3）人、管理和文化问题。对于信息技术，人们发现对其设计并不仅仅是技术层面的问题，还关系到人、文化和组织管理等因素，因此在建立系统时，需要有效地处理组织的管理模式，使其变得更加合理，这样才能确保信息系统在使用时不会形成垃圾信息，使其运行为社会带来效益。

为了避免不良问题的发生，应该在系统中合理运用人、技术和组织管理，并且要明确系统集成作为信息化的核心内容。系统集成能够帮助企业提升竞争力，因此，企业需要制订有效的全局策略。不过，系统集成具有一定的复杂性，不能一蹴而就，需要长期的发展。企业应结合自身的具体情况来收集信息，完成对信息、过程、企业的集成。

信息集成既需要各组织和部门从技术层面上共享信息，也要确保系统中各个部分在运行时能够正确地将信息传递给需要的人，并能够随时随地地完成任务。不过这个任务相对困难，需要长时间的努力和奋斗才能实现目标。

过程集成要在不同的过程中开发出接口，使信息能够在各个过程中相互传递。因此，"互联"是过程集成中不能缺少的部分。集成需要消除各种阻碍，使企业能够相互协调、彼此互助、共同进步。在设计并行工程时，上游工序和下游工序之间要彼此沟通和联系，将各种意见进行反馈和传递，这样才能确保设计的顺利开展，从而缩短开放并行工程的时间。在新产品的开发中，需要财务过程、采购供应过程的支持，这样才能更好地实现优化经营，而众多过程之间的密切联系和配合就是集成。过程集成应以信息集成为基础，并避免过程中存在多余和非增值的子过程，也应防止因出现人为或资源等问题所导致的阻碍而影响过程效率，尽量让企业过程能够最优化运行。

企业集成既包括企业内的集成，也包括企业间的集成。企业内集成是企业内部对人、技术、经营的集成，各部门之间无论是纵向还是横向都能相互联系和配合，彼此支持和发展；企业间集成是不同企业之间在供应链的方向上形成集成，或同类企业虽然核心能力存在差异，但为了共同的市场而形成动态的企业联盟，进而形成集成。

企业完成了以上的集成后，有助于企业资源得到有效运用，从而发挥出巨大的作用。不过，要实现各方面的集成仍会存在许多困难，需要全部消除这些困难才能保证集成目标的实现。

信息化工作具有一定的特殊性，要从整个系统的角度去看待和解决问题，只有跳出当前的框架，从全局出发，考虑整体利益，才能在处理信息化问题时更加客观和科学。

二、组织的影响和项目权益人

项目和组织存在紧密的关系，许多项目往往是处于组织架构（项目法人、政府部门、医疗研究机构、国际组织、专业协会，等等）的约束下，始终受到组织或设立它的组织的影响。

有些组织本身就是基于项目的，也就是说，它们的业务主要是由项目团队完成的。这些组织可分成以下两类。

（1）组织的业务主要来自为其他建筑企业、工程企业、顾问企业、建筑承包商、政府项目承包商等所做的项目。

（2）通过项目进行管理的组织。这些组织对管理系统进行适当的调整，以促进项目的管理。例如，它们的财务系统往往经过特殊设计，可以同时为多个项目进行管理、跟踪和报告。不基于项目的组织，如制造企业、财务服务公司等，很少具有有效支持项目所需的管理系统。由于缺乏面向项目的系统，经常使项目管理更加困难。不过在某些情况下，不基于项目的组织也会存在一些部门或子单元，如基于项目的组织一样运作，并有与之匹配的系统。

项目管理小组应该切实了解组织系统是如何影响项目的。例如，如果组织让其职能经理管理项目所涉及的人员，则项目管理小组需要对此加以控制，以保证分配来的人员都能有效地用在项目上。

大多数组织都有其独特的组织文化。这些文化体现在其共享的价值观、规范、信任和期望中，体现在其政策和程序中，体现在其对职权关系的观点中。组织文化往往会直接影响到项目。例如：

一个团队提出的一种不同寻常的、具有高风险的方法，在具有创新精神的组织中往往更能够得到批准。

具有极高参与精神的项目经理，在一个等级森严的组织中可能会遇到麻烦，在富于参与精神的组织中会遇到同样的挑战。

执行组织的结构往往约束了项目团队对企业资源的利用。从职能化到项目化，存在一系列的组织结构，具有不同的矩阵结构。

职能组织具有层次结构，每一位雇员都有明确的上级。人员通过专业组织在一起，如在最顶层的制造、市场、工程和财会。其中，工程被分解成机械工程和电子工程。职能组织中可以存在项目，但是项目的范围被限制在职能的界限内；职能组织中的工程部门完成其独立于制造或市场部门的工作。例如，在一个纯粹的职能组织中开始一项新的产品开发项目时，其设计阶段被称为"设计项目"，只包含工程部门的人员，如果产生了制造问题，则沿着问题层次结构上交给部门领导，由他出面和制造部门的领导进行协调。随后，工程部门的领导将解答沿层次结构下传给工程项目经理。

在这种组织框架约束下进行信息化工程，往往会遇到比较多的集成方面的困难。比较典型的例子如下。

在行业信息化过程中，财务监管部门开发了一套财务信息系统，并将其推广到企业的财务部门，以提高财务管理水平。与此同时，税务监管部门向企业推广其独立开发的税务申报信息系统。这种自顶向下的信息化进程最终在企业用户那里形成了不能集成的自动化孤岛问题，最终企业必须安装多套不同类型的财务系统，反而降低了企业财务管理的运行效率。

在这种类型的企业实施信息化的过程中，在组织壁垒中独立发展起来的工程设计系统和生产系统往往不能进行有效的集成。例如，某造船厂实施了工程设计系统和基于企业资源计划的生产系统，通过了试运行的检验和专家的验收，但最终这套"ERP"系统完全没有起到作用。因为该系统要运行，还需要设计部门提供大量的基础信息，如产品的工时信息，但这增加了设计部门的工作量。在没有利益机制的保证下，设计部门拒绝承担这部分的工作量，最终使其信息化项目的成果被束之高阁。因此，对于这种组织架构，利益机制的调整和形成协作的组织文化就显得非常重要。

在项目化组织中，小组成员通常是已经配置好了的。组织的多数资源被应用在项目工作中，并且项目经理具有相当大的独立性和权威。其组织单元除了直接向项目经理汇报外，还要向不同的项目提供支持服务。

项目化的组织是一个发展潮流，是实现组织扁平化的基本手段，和并行工程、精良生产等先进的管理模式相互配合。这种组织结构具有综合的专业知识，解决问题和攻克技术难关的能力较强，利益分配和激励机制比较容易解决，因此，许多高效率的企业都采取了这种组织模式。

弱矩阵组织、平衡矩阵组织、强矩阵组织是职能和项目化特征的融合。弱矩阵保持了许多职能组织的特征。项目经理的角色与其说是管理者，不如说是协调者。与之相似，强矩阵组织含有许多项目化组织的特性——有权威的全时项目经理和全时项目管理人员。

现代组织或多或少都包含这些结构，甚至一个基本的职能组织也能够创立一个特定的项目团队来处理一个标准的项目。这样一个团队可能具有许多项目化组织中的某些特征：可能包括从不同职能部门来的全时工作的成员，可以开发自己的运作程序，并可以在标准的、形式化的汇报结构之外运作。

组织的问题主要是"责权利"的问题，而任何组织框架和任何项目团队的组织方式都会遇到这方面的问题。尤其是对于涉及面非常广的信息化项目，项目团队成员需要特别注意处理好这方面的问题。

项目权益人是积极投入项目，或者其态度会对项目的执行结果和成功完成产生正面或负面影响的个体和组织。项目管理小组必须识别权益人，确定他们的需要和期望是什么，然后管理和影响这些期望，以保证项目的成功。权益人的识别往往特别困难。

另外，项目权益人还有许多不同的名称和类别，如内部的和外部的所有者、资金提供者、供应商和承包商、小组成员及其家庭、政府机构、媒体、个体市民、临时性或者永久的游说组织，以及大范围的社团，等等。权益人的命名和分类，可以帮助识别哪一些个体或组织将他们自己看作权益人。权益人的角色和责任可能互相交叠。

三、社会经济和技术发展的影响

项目团队必须了解社会经济和技术发展的条件及趋势对项目有直接影响，这些微小变化往往会引起项目本身的巨大改变。下面简要说明经常影响项目的几个主要社会经济方面的因素。

（一）标准和规章制度的影响

标准是指被公认的团体批准的文件，为一般和重复的使用提供了准则、指导方针，比如产品的特性、过程或服务，它不是强制性的。标准被大量使用，涵盖了从液压稳定性到计算机磁盘尺寸的所有方面。规章制度是一个放弃了产品、过程或服务特性的文件，包含了适当的管理规定，具有强制性。建立编码就是规章制度的一个例子。

在讨论标准和规则的时候必须非常小心，因为在它们中间存在很大的灰色区域。例如，标准一开始往往是一个指导方针，是描述首选的方法，然后随着广泛采用，变成事实上的规章制度。例如，使用关键路径方法来编制项目的进度表。

不同层次的组织都要求服从。例如，政府机构、执行组织的管理或项目管理小组都要服从管理。

对于许多项目，标准和规则（不论其定义如何）都得到了深入的理解，项目计划反映了它们的影响。但在某些情况下，如果不知道或不确定它们的影响，则必须在项目风险管理中予以考虑。

（二）国际化的影响

因为越来越多的组织从事跨国业务，越来越多的项目也超越了国界，所以除了考虑传统的范围、成本、时间和质量以外，项目管理小组也必须考虑地域差别、国家和地区性节日、面对面会议的需求、电信会议的后勤保障以及国际上随时变化的政治纷争。

（三）文化的影响

文化是社会交往的行为模式、艺术、信仰、制度，以及其他工作与思考因素的总和。每一个项目必然在一个或多个文化规范的背景下运行，影响领域包括政治、经济、人口、教育、伦理、种族、宗教，以及影响人和组织相互作用方式的信仰和态度的其他领域。

信息化往往会带来执行组织管理模式、管理职能和管理权限的变化。不同的组织文化对这种变化的反应和承受力不同。因此，在信息化进程中改进组织文化是领导层需要处理的重要课题。

（四）技术发展的影响

信息技术领域是目前发展最快、最活跃的领域，新的技术层出不穷，技术更新也非常迅速。有关统计表明，每隔18个月，"CPU"的速度就会翻一番，与之关联的计算机体系结构、软件架构等的发展也非常迅速。例如，早期的集成信息系统采用大型主机带终端的拓扑结构，随着网络技术和分布式计算机技术的成熟，出现了客户机/服务器模式的管理信息系统，而目前流行的是架构在互联网上基于浏览器/服务器的新的信息系统。从开发工具上讲，"C""C＋＋"、各种版本的"Java"更是五花八门。操作系统、各种协议、各式各样的应用软件都是信息化项目必须做出抉择的,因为这些都对项目带来了风险。

为了处理好技术迅速发展所带来的问题,信息化项目团队必须在先进性、实用性、经济性、成熟性等诸多方面进行权衡,在保证项目所采取的技术具有相当的前瞻性、先进性和可扩展性、可集成性的同时,从需求出发,注意技术的可靠性、成熟性和经济性,但片面追求技术的先进性往往会事与愿违。

因此,在项目设计阶段,就需要做好项目的需求分析,一切从需求入手,在集成理念的指导下,充分考虑整个系统的集成要求,在此基础上选择相关的成熟技术、应用系统和产品,做好项目的技术分析,保证信息化项目能够发挥实效。国家"863"计划"CIMS"(现代集成制造系统)主题专家组在大量信息化工程实践的基础上提出的"需求牵引、效益驱动、总体规划、分步实施"的策略是信息化项目的明智做法。

四、信息化项目经理的素质和管理技能

信息化工作目前在我国蓬勃地开展着,启动了大量的区域信息化、领域信息化和企业信息化项目。由于信息化项目工作的复杂性和战略性,担当项目主管或发挥领导作用的人员往往来自于以下方面。

组织的经营决策者,他们往往在信息化项目中担任项目领导小组组长,对项目的实施进行总体把握,对重大战略问题进行决策,明确信息化工作的方针。

组织的技术负责人,如企业的总工程师和副总工程师、研究单位的总设计师和副总设计师,他们往往担任信息化项目的总设计师,领导项目技术系统的设计和构建,负责技术问题的决策。

各部门的领导,承担信息系统相关分系统设计和构建团队的工作。

来自组织外部咨询公司或技术研发单位的技术主管,在信息化项目中担任各个团队的副职团队领导,负责知识的传递和技术问题的攻关与决策。

来自政府部门的主管和政府部门聘请的第三方专家,承担政府资助项目的监理和责任专家,负责项目的监理和技术咨询工作。

来自组织中专门成立的信息化领导小组的成员或部门的领导,承担信息化项目的日常管理和信息系统运行的日常管理工作。

为了更好地管理信息化项目,项目经理首先要具备良好的管理技能,能够理解、引导和满足项目权益人的需求与期望,通过领导、沟通、谈判等活动和

技能，解决项目过程中遇到的问题，并对整个组织施加影响。项目经理应该听取各方面的意见，寻求解决问题的方案，并团结和鼓舞整个项目团队，甚至为整个项目的圆满完成组织协同工作。项目经理要能够创造一个团结协作、充满活力的工作环境，形成良好的团队文化，通过合理授权、主动协调、妥善权衡，有效地领导整个项目团队，这是项目经理的基本职能。

信息化项目经理应该掌握项目管理的基本知识和方法，能够使用计划、分析、控制等手段对项目目标的各种影响因素进行综合考虑和跟踪控制，保证在时间、成本、质量等条件约束下达到项目目标。项目管理是任何一位从事信息化工作的从业人员必须具备的基本能力。

信息化项目经理还需要了解信息技术本身，对信息化的理念、方法、技术及其影响要有全面的了解。这些专业知识将是项目经理理解信息化项目特性，掌握与所涉及专业人员进行沟通的术语和基本知识。

在信息化项目执行过程中，项目经理需要明确项目的目标和要求、确定项目范围、识别项目权益人、划分项目的工作分解结构、估计项目的时间进度，并跟踪项目里程碑、制订和控制项目管理的过程、确定和保障所需的资源和预算、识别和评估项目风险、制订应急计划、汇报项目状态。因此，项目经理在项目执行过程中需要发挥表率作用，对各种潜在问题具有洞察力，要求专业知识过硬，有判断力，善于沟通，善于激励他人并对团队成员提供帮助，并且能够获得上级的支持，鼓励创新。

信息化项目往往和组织管理、过程重构紧密相关。例如，实施一个新的管理信息系统必然引起已有的业务流程发生变化，有时甚至会改变组织单元的设置和职能权限的划分。因此，信息化项目经理应该具有扎实的行业背景知识和较强的管理调整能力，能够处理好由于信息化项目实施所带来的组织上和管理上的各种阻力。

在项目运行过程中，项目经理的基本职责是做好项目的计划、组织和控制工作，以实现项目目标。

（1）计划。项目经理要高度明确项目目标，并就该目标与客户取得一致意见。

项目经理与项目团队就这一目标进行沟通，对成功地实现项目目标应做的工作达成共识。

项目经理作为带头人，要领导团队成员一起制订实现项目目标的计划。

项目经理和客户对该计划进行评价，从而获得认可。

建立一个项目管理信息系统（人工的或计算机操作的），以便将项目的实际进程和计划进程进行比较，使项目团队了解并掌握这一系统。

（2）组织。项目经理确定哪些工作由组织内部完成，哪些工作由承包商或顾问公司完成。

项目经理要带头营造一种工作氛围。

（3）控制。项目经理需要设计一套管理信息系统，跟踪实际工作进程，并将其与计划进程进行比较。

定期召开项目工作评审会议，对这类资料加以补充。

如果实际工作进度落后于预计进度，或者发生意外事件，项目经理应该立刻采取应急措施。

项目经理通过计划、组织、控制来领导项目工作，但决不可大权独揽，应使团队成员参与进来。

项目经理在管理项目过程中，应该遵循如下十二条规则。

（1）弄清项目经理所面临的问题、机会和期望。

（2）善于解决项目团队在发展中产生的各种冲突。

（3）弄清谁是权益人，以及他们的项目目标。

（4）意识到组织强烈的政治色彩并利用政治手段获得优势。

（5）意识到项目管理必须精于领导，同时应该灵活机动。

（6）明确判断项目成功的四个标准：预算、进度计划、效绩标准、客户满意度。

（7）为组建一个和谐的团队，必须充当队员的激励者、教练、活跃气氛者、维和人员和冲突裁决者。

（8）项目经理所表现出的情绪，无论是正面的还是负面的，都将是培养团队成员素养的基础。

（9）经常做一些"如果……那么……"的假设，避免安于现状。

（10）不要因小事而停滞不前，迷失了项目的方向。

（11）有效地利用好时间。

（12）首要任务是计划。

为了更好地管理项目，项目经理应该通过获取经验、寻求支持、自我批评、总结改正错误、与其他项目经理进行探讨、参加培训、参加团队活动、阅读等多种方式提高自己。只有同时掌握项目管理知识和技能、行业背景知识、IT相关知识，以及具备良好个人素养的项目经理，才能很好地驾驭好信息化项目。

第二节　信息化项目的业务过程分析

为了帮助理解信息化项目管理的集成本质，并强调集成的重要性，在介绍项目管理各知识领域的同时，需要讨论它们的组成过程及相互作用。本节将信息化项目管理作为一组存在内部关联的项目来介绍这些过程的基本功能。

一、业务过程与项目过程的关系

社会生活中存在着各种各样的过程，如行政机关的办事流程、银行贷款的处理流程、企业的生产经营过程，等等。过程反映了组织的动态特性。

从一般意义上讲，过程可以定义为：为实现企业某一目标（或任务）而进行的一系列与逻辑相关的活动的集合。活动与活动之间的各种关系构成了过程单元（或子过程），而过程单元与过程单元之间的关系则又构成了更高层次的过程，这样依次可构成各种不同层次的过程。与此相反，过程又可以层层分解为子过程，直至分解为基本活动。

过程之间的关系，依据不同的分类标准，有不同的提法。

（1）在过程运行中，过程的主要关系有以下几种。

①上下游关系，主要表现为一个过程的输出作为另一个过程的输入。

②控制关系，主要表现为一个过程对另一个活动行为产生控制作用。

③任务关系，主要表现为过程之间的任务相关。

④资源关系，主要表现为过程共享某种资源。

⑤组织关系，主要表现为过程的执行人员的人事、利益相关。

（2）从过程的结构方面来看，过程之间的关系可分为以下三种。

①完全不同。

②相似或部分相似。

③相同或部分相同。

信息化项目需要面对组织的各种过程，并支持这些过程顺利、准确、高效地完成。除此之外，项目本身也是由过程组成的，所以可以使用项目管理过程来描述并组织项目的工作。

项目管理过程和系统经营过程在整个项目中互相交叠并相互作用。例如，如果对如何制造产品没有基本的理解，就不能够定义开发、制造、执行系统的范围。通常情况下，将一般意义上的项目管理过程划分为五组，每一组包括一个或多个过程。

（1）初始化过程（组）。确定项目或阶段应该开始，并启动项目。

（2）计划过程（组）。制订和维护一个可以使用的计划，来完成项目承担的经营要求。

（3）执行过程（组）。进行人员和其他资源的协调，来完成计划。

（4）控制过程（组）。通过监督和测量过程，并在需要的时候采取纠正性措施，确保达到项目目标。

（5）结束过程（组）。正式地接收项目或者阶段，并将其有序地结束。

过程（组）由它们产生的结果关联在一起——一个过程（组）的结果或输出成为另一个过程（组）的输入。在关键过程中，这种关联是反复的——计划过程先向执行过程提供文档化的项目计划，反过来，随着项目进展，执行过程向计划过程提供文档刷新。另外，项目管理过程不是离散的、单点事件，它们是相互交叠的活动，在项目的每一个阶段都会发生。

过程（组）在每个阶段之间也存在相互作用，一个阶段的结束提供了下一个阶段的输入。例如，结束设计阶段要求用户接受设计文件，同时设计文件又定义了实施阶段的产品描述。

在每一个阶段开始时重复初始化过程，有助于使项目集中于其经营要求上。如果经营需求不再存在，或者项目满足不了这种需求，就可以停止项目。

在实际项目中，会存在许多交叠的情况。例如，计划过程不仅应提供使当前项目阶段成功完成所需工作的细节，还必须提供后期要做的工作的一些基本描述。这种项目计划不断细化的方法也被称为波浪式计划方法。

二、信息化项目的阶段和生命周期

项目具有独特性，因此，它包含了一定程度的不确定性。执行项目的组织通常将项目分解成几个阶段，构成项目的生命周期，以便更好地进行管理和控制，并与执行组织当前的业务进行适当的关联。

每一个项目阶段以一个或多个可显示的成果或文档作为标志。一个可显示的成果或文档是一个切实的工作产品，如可行性研究报告、详细设计报告或工作原型系统。可显示的成果或文档是一个逻辑序列的组成部分。设计该序列是为了保证正确定义项目的产品。

项目阶段的结束通常是由关键的可显示的成果或文档，以及对项目性能的评估为标志的，以便确定项目是否应该进入下一阶段，并有效地发现和纠正错误。

每个项目的阶段，通常都包括一系列经过定义的工作产品，而设计这些阶段是为了建立层次化的管理控制。这些阶段的命名通常与主要阶段的可显示成果或文档有关，一般按照下面的术语来命名：需求、设计、建造、正文、启动、周转，等等。

项目生命周期定义了项目的开始和结束。例如，当一个组织确信应该抓住某个机遇时，通常会批准进行可行性研究，以确定是否应该承担这个项目。项目生命周期定义将确定可行性研究作为第一个项目阶段，或者作为一个独立的或单一的项目来处理。

多数项目生命周期定义的阶段顺序都包含某些形式的技术转移和传递，如设计需求、操作构成或提供制造的设计。前置阶段可显示的成果或文档，通常需要在下一阶段工作开始之前得到认可。然而，在风险可接受的情况下，有时候子序列阶段在前一阶段的可显示成果或文档得到认可之前就开始了，并且工程中常常出现这样的情况。

项目生命周期通常定义为每一阶段应该做什么样的技术性工作（例如，建筑师在定义阶段或执行阶段的工作是什么）。

每一阶段都应该有什么人参加（例如，并行工程要求实施人员参加需求分析和设计）。项目生命周期的描述可能非常粗略，也可能非常详细。详细的描述包括许多表格、图形、清单，等等，而且要提供相应的结构和关联。

大多数项目生命周期描述，具有一些共同的特征，如成本和员工数量在开始时比较低，往后逐渐增加，当项目快结束时迅速下降。

权益人的能力会影响项目产品的最终特征，在项目开始时他们对成本的影响力最大，但随着项目的进行会不断下降。产生这一现象的主要原因是调整和纠错的成本随着项目的进行持续增加。

在项目的开始阶段，成功完成项目的概率最低，而风险和不确定性最高。成功完成项目的概率一般随着项目的进行持续增高。

应该仔细区别项目生命周期和产品生命周期。例如，一个项目向市场推出一种新的个人用计算机，而这只是该产品生命周期的一个阶段。

虽然许多项目生命周期具有相似的阶段名称和工作产品要求，但很少是完全一致的。大多数项目的生命周期包含四到五个阶段，有一些包含九个或更多个阶段，甚至在同一应用领域中，也存在显著变化——一个组织的软件开发生命周期可能只有一个单一的设计阶段，而另一些则可能分成功能和详细设计等多个阶段。

项目内部的子项目也有不同的项目生命周期。例如，让建筑公司设计一幢新的办公大楼，在做设计时，首先涉及雇主的定义阶段，在支持该建筑工作时，涉及雇主的实施阶段。建筑师的设计有自己的一系列阶段，从概念开发，再通过定义和实施到完成。建筑师甚至可以将设计当作独立的项目，具有自己独特的阶段。

信息化项目由于内容和对象的不同会形成不同的生命周期。例如，项目管理知识体系（PMBOK）给出了软件开发的一个螺旋形模型，包括以下四个环。

（1）概念试验环。捕获经营需求、为概念试验定义目标、产品概念系统设计、设计和创立试验、产品确认测试计划、确认操作风险分析并提出建议。

（2）首次构建环。挖掘系统需求、定义首次构建的目标、完善产品逻辑系统设计、首次构建的设计与构造、产品系统测试计划、评估首次构建并提出建议。

（3）二次构建环。挖掘子系统需求、定义二次构建的目标、完善产品物理设计、构造二次构建、产品系统测试计划、评估二次构建并提出建议。

（4）完成环。完成单元需求、最终设计，完成构建执行单元、子系统、系统并接受测试。而对于一个架构在虚拟企业概念基础上的供应链项目，供应链的生命周期就是其项目的生命周期。该生命周期通常分为八个阶段：

（1）前期阶段。在公司上层，分析其强项和弱点、机遇和压力。在此基础上，决定保持孤立、合并还是与其他企业合作。该阶段可能发生，也可能不发生。

（2）机遇辨识阶段。在市场出现新情况时，确定虚拟组织是否是提高竞争能力和敏捷性的良好选择，在合作层面的生命周期就此开始。

（3）伙伴搜索阶段。搜索合作伙伴。找到完全理想的合作伙伴是不可能的，因此需要搜寻最接近理想特征的伙伴。

（4）潜在伙伴之间的谈判阶段。与预先选择的伙伴进行目标、利润和成本、共享技能和资源等的谈判。

（5）达成协议阶段。当伙伴对未来的虚拟组织或供应链关系达成共同的认识，并同意所讨论的条款时，就可以达成协议。

（6）实施阶段。实施上一阶段所讨论的所有条款。

（7）运作阶段。产生实际价值。

（8）重构或解散阶段。目标达到后，如果市场出现新情况，供应链可能被重构。如果有伙伴退出或者目标没有达到，虚拟组织或供应链关系就被解散。

经过十多年的理论研究和工业实践，我国"863"计划"CIMS"主题形成了一套完整的"CIMS"应用示范工程的实施规范。结合该规范，将"CIMS"实施的生命周期划分为六个阶段。

（1）明确用户需求。从组织的发展战略出发，找出影响其发展的瓶颈，分析信息技术能够在这些问题的解决中扮演什么角色，明确组织对信息化项目的需求。

（2）可行性论证。在理解企业战略目标和了解内外部现实环境的基础上，确定本企业实施"CIMS"的总体目标和主要功能，拟定集成方案，比较和选定实施的技术路线，并从技术、经济和社会条件等方面论证集成方案的可行性，制订投资规划和开发计划，编写可行性论证报告。

（3）初步设计。确定本企业"CIMS"的系统需求、建立目标系统的功能模型、确定信息模型的实体和联系（信息模型建模的初期阶段）、提出"CIMS"系统实施的主要技术方案。

（4）详细设计。对初步设计产生的系统方案做进一步完善和具体化，对关键技术组织研究、试验。本阶段的主要工作将在分系统和子系统水平上进行，对软件开发要细化到能够开始编写程序；对硬设备要完成所有说明书和图样的工作；对数据库应完成逻辑设计和物理设计；对通信网络则除了接口和协议，还必须完成管线施工图，等等。

（5）工程实施。将详细设计的内容进行物理实现，产生一个可运行的系统，为此要完成应用软件编码、安装、调试；计算机硬件和生产设备的安装调试；完成全局数据库和局部数据库、网络的安装调试；组织机构落实和人员定岗，等等。

（6）系统运行和维护。改正在开发阶段产生而在测试阶段未被发现的错误；为使系统适应外界环境的变化，实现扩充功能和改善性能所需要的修改；对系统的运行效果进行评价。

实施信息化之前，往往需要对组织进行管理调整，经营过程重构（Business Process Reengineering，简称BPR）是管理调整的一种有效手段，许多咨询公司已经将实施BPR当作信息化之前必须经历的步骤。BPR可以划分为以下八个阶段。

（1）启动阶段。确立发起人的地位，预见和了解变革的阻力，有效地加以处理，并向组织的各个部门推介其思想。

（2）变革计划拟订阶段。审视实际情况，找出要优先解决的问题，决定实施何种改良措施。

（3）项目团队建立阶段。组建项目团队，解决团队组织的各种问题。

（4）目标过程现状的分析阶段。进行叙述性描述、技术系统分析和社会系统分析，利用分析中所获得的信息设计新的系统。

（5）目标过程重新设计阶段。设计新的经营过程。

（6）新设计实施阶段。使用桥头堡战略，循序渐进地实施变革。

（7）持续改进阶段。进行经营过程重构，保持变革的动力，不退回到老路上去。

（8）重新启动阶段。指导小组要通过刷新其经营战略、改进计划和选择其他过程进行优化，继续经营过程改善的另一个周期。

三、过程的相互作用

在每一个过程（组）内部，过程个体通过输入和输出关联在一起。基于这些关联，可以通过输入、输出以及过程中所使用的工具和技术来描述每一个过程。

输入——待处理的文件或可文件化的事项。

工具和技术——应用输入产生输出的机制。

输出——指作为过程结果的文件或可文件化的事项。

在多数应用领域中，多数项目共有的项目管理过程有以下五点。

（1）初始化过程。初始化——委托组织开始项目的下一阶段。

（2）计划过程。计划对项目十分重要。项目一定包含以前没有做过的事情，因此，这一部分所包含的过程相对较多。然而，过程数量多并不是在项目管理中重视计划工作的主要理由，计划的数量应该和项目的范围及所开发信息的用途相当。

制订项目计划的各个过程在完成计划之前是反复发生的。例如，如果初始数据不能接受，项目资源、成本，甚至范围都需要被重新定义。另外，计划不是精准的科学，不同的小组可能对相同的项目制订出不同的计划。

在这些过程中，有些过程具有明显的相关性，它们在多数项目中会按照相同的顺序执行，我们称这些过程为核心过程。例如，在制订活动进度和估计成本之前，必须定义活动。这些核心计划过程可能在项目的一个阶段中反复发生几次。它们包括以下内容。

范围计划——形成书面的范围陈述，作为项目决策的基础。

范围定义——将项目可显示的成果或文档细分成更小的、更具管理性的组件。

活动定义——确定为产生不同的项目可显示成果或文档，而必须执行的特殊活动。

活动排序——明确并记录内部活动的相关性。

活动工期估计——估计完成个体活动所需要的工作时间。

进度表开发——分析活动顺序、活动工期，以及资源需求，并创建项目时间表。

资源计划——确定执行项目活动需要什么资源（人员、设备、材料）以及数量。

成本估计——确定完成项目活动所需资源成本的近似（估计）值。

成本预算——将全部成本估计分配到各个工作任务中去。

项目计划开发——获得其他计划过程的结果，并将其纳入一个一致的、连贯的文档中。

核心过程之外，计划过程（组）中包括的其他过程是辅助过程。这些计划过程的相互作用更依赖于项目的性质。这些过程包括以下几个方面。

质量计划——确定与项目相关的质量标准，并决定达标途径。

组织计划——确定、证明和分配项目角色、责任与汇报关系。

员工获取——获得需要分配给项目并执行项目的人力资源。

沟通计划——确定权益人需要的信息与通信方式：什么人需要什么信息、什么时候需要、如何传递。

风险辨识——确定哪些风险可能影响项目，并确定每个风险的特性。

风险量化——评估风险之间的相互作用，确定其可能存在或发生的范围。

风险反应开发——定义把握机遇或响应威胁的步骤。

采购计划——确定采购项目和时机。

征购招标计划——确定产品需求和潜在资源。

（3）执行过程。和计划过程一样，执行过程包括核心过程和辅助过程。下面介绍一下各个过程是如何相互作用的。

项目计划执行——通过执行所包含的活动来完成项目计划。

范围确认——正式承认项目范围。

质量保证——在质量原则的基础上，评估整个项目的性能，增强满足相关质量标准的信心。

团队开发——通过发展个体和群体技能来提高项目性能。

信息分发——适时地向项目权益人提供所需信息。

征购招标——获得报价单、投标、出价或合适的提案。

供应商选择——从潜在的供应商名单中进行选择。

合同管理——管理与供应商的关系。

（4）控制过程。在项目执行过程中，必须定期测量项目的性能，确定其与计划的偏差。偏差被反馈到控制过程，可发现那些危及项目目标的误差，并通过适当的项目计划制订过程来调整计划。例如，活动超期可能要求调整当前的员工计划，依靠加班在预算和进度目标之间进行平衡。控制也包括针对可能存在的问题采取的预防性行动。

控制过程（组）包括核心过程和辅助过程，这些过程的相互作用如下。

完全更改控制——在整个项目中进行协同调整。

范围更改控制——项目范围的控制调整。

进度表控制——项目时间表的控制调整。

成本控制——项目预算的控制调整。

质量控制——监督特定的项目结果，确定它们是否达到了相关的质量标准，消除引发质量问题的诱因。

执行报告——收集并发布有关项目执行情况的信息，包括情况报告、进度测量和预测。

风险反应控制——在整个项目过程中响应风险变化。

（5）结束过程。管理行政终结——产生、收集并发布信息，正式结束一个项目阶段或整个项目。

合同终止——完成并结算合同，其中包括针对所有开放条款做出的决定。

四、项目制订过程

过程及其相互作用在大多情况下可以应用在多数项目中。然而，并不是所有的项目都需要所有的过程，也不是所有的相互作用都用在所有的项目中。例如，对于子项目和比较小的项目，或在项目层次上已经定义了输出的过程（例如，子承包商可以忽略主承包商明确假设的风险），或者只提供边际效用的过程（在一个只有四个人的项目中，可能没有正式的沟通计划），可以适当减少这方面的工作量；大量使用产品外包的企业，能够清晰地说明每一个采购过程在计划过程的什么地方发生；依赖独特资源的项目（如商业软件开发、生物制药等）可以在范围定义之前定义角色和责任，"能够做什么事"就是那些资源的功能。一个实际项目中可以缺少某一个过程，不过，项目管理小组会注意确定和管理保证项目成功所需要的全部过程。一些过程的输出可能被预先定义为约束，例如，管理层可能制订一个目标完成日期，而不允许计划过程来确定它。大型项目可能需要更多细节，例如，进一步细化风险，将注意力分别集中在确认成本风险、进度风险、技术风险和质量风险上。

　　信息化由于涉及面广，具有多样性，主要反映在业主的规模、位置、技术水平、信息化程度、人员素质、信息化的历史、业务、产品等方面的不同；技术依托方是高校、咨询公司、系统集成商、软件供应商的不同；信息化项目的范围、目标、技术水平的要求不同；所选取的系统架构、软硬件架构的不同。

　　这种多样性会带来项目操作过程的差异，因此在项目启动时，需要定义项目生命周期和阶段划分，按照企业长期、中期和短期发展规划，制订信息化工作的长期、中期、短期目标，划分三步走的大阶段点。在每个阶段，考虑项目是系统设计、软件开发还是工程实施，区分项目侧重点的不同，结合各自特点进一步划分系统的节点和标志物，选择需要引入的项目管理的相关过程，构建它们的依存关系。

　　由于项目的特殊属性，项目过程往往有所区别。这就需要项目经理、项目团队和关键权益人保持沟通，发挥各自的经验和技能。

第三节　信息化项目建设的主要阶段

　　一般情况下，信息工程项目建设的主要阶段包括信息化发展规划，以及顶层设计、可行性研究、需求分析、技术方案、实施、试运行、验收、迭代更新，等等。

一、信息化发展规划

信息化发展规划是指未来一定时期内在建设单位（泛指一个区域或一个行业、一个部门、一个单位）的发展战略目标的指导下，在理解建设单位发展战略目标与业务规划的基础上，诊断、分析、评估建设单位内的生产、经营、管理和服务以及 IT 现状，优化建设单位内的业务流程，结合各地信息化的实践经验和对最新信息技术发展趋势的掌握，提出建设单位信息化建设的远景、目标和战略。制订信息化发展规划的目的就是通过实施信息化，使建设单位发展能力进一步提升、发展方式进一步转型升级、发展活力进一步增强、建设单位的核心竞争力进一步提高。信息化发展规划既要符合建设单位的发展实际，又要借鉴和学习先进的发展经验；既要全面考虑统筹协调，又要兼顾具体应用；既要采用成熟、安全、可靠的技术，又要考虑信息技术未来的发展趋势；既要保证建设单位内各个网络系统和平台能够互联互通，还要保证各个应用系统之间信息能够共建共享。通过规划还可以对区域内未来信息化发展的重大信息工程和重点信息化项目进行规划和布局。

二、信息工程项目顶层设计

顶层设计就是对总体规划进行具体化。顶层设计的目的就是确保规划总体目标的实现，围绕着总体目标，站在全局的角度，对规划中的主要任务及重点工程和重大项目在时间、空间、资源、业务（含生产、管理、服务，等等）等维度上进行设计、安排、部署。顶层设计强调设计对象内部要素之间围绕核心理念和顶层目标所形成的关联、匹配与有机衔接；确保各个系统、各个项目之间都能围绕总体目标实现各自的功能，又能够实现互联互通和信息资源的共建共享。同时，顶层设计还要具有可操作性，要求表述简洁、明确，成果具备可实施性。规划确定了未来做什么，而顶层设计则确定了怎么做。因此，顶层设计成果应是可实施、可操作的。如果仅有规划，就会缺乏具体的实现手段，就有可能导致规划的实施各自为政、分兵把守的不利局面，造成资源难以共享、信息难以互联互通的不良后果，因此，顶层设计是规划的重要组成部分，不可或缺。很多单位只重视规划的研究和制订而忽略了顶层设计，这也是、规划不能被很好实施的一个重要原因。

三、可行性研究

可行性研究是指对拟启动实施的信息工程项目的可能性、有效性、实施方案、相关技术方案及财务效果进行具体、深入、细致的技术论证和经济评价，以求确定一个在技术上合理、经济上合算的最优方案和启动实施的最佳时机。一般情况下，项目建设单位在项目拟启动实施之前，通过聘请第三方的专业机构，对与项目有关的市场、资源、技术、经济和社会等方面的问题进行全面分析、论证和评价，进而确定项目是否可行及实施最佳方案，并提交可行性研究报告，作为建设单位启动实施项目的依据，同时也可作为立项建议书提交有关部门审批是否同意立项。

四、需求分析

需求分析是指围绕着信息工程项目建设的总体目标，为了制订项目的技术实现方案，了解项目需要解决的问题和实现的功能、性能要求，方案制订者或项目开发者对用户所做的深入、细致的调研，并将用户非形式的需求表述转化为完整的需求定义，从而确定系统必须做什么的过程。需求分析是项目建设的重要活动，也是项目建设中的一个重要环节。该阶段是分析项目在功能上需要"实现什么"，而不是考虑如何去"实现"。需求分析的目的是把用户对待项目提出的"要求"或"需要"进行分析与整理，确认后形成描述完整、清晰与规范的文档，确定项目需要实现哪些功能、完成哪些工作。此外，项目的一些非功能性需求（如软件性能、可靠性、响应时间、可扩展性，等等）、项目实施的约束条件、运行时间、与其他项目的关系等，也是需求分析的重要内容。

五、技术方案

技术方案是根据项目大小、难易程度和复杂程度经过分析研究应用需求、比较分析相关技术、设计实施方法所确定的技术选择。技术方案分为初步设计方案、详细设计方案、总体设计方案、系统集成方案或实施方案，等等。技术方案就是根据可行性研究及顶层设计所确定的信息工程项目建设总目标、总体要求，针对调研中所明确的功能、性能需求等，以及IT技术现状及发展趋势，给出具体详细的技术实现和问题解决方案，以及最终项目所需要的经费和建设周期。

六、实施

实施是指第三方专业机构按照信息工程项目技术方案，将项目技术方案具体实现的过程，也就是项目的建设过程，包括设备采购、安装调试、网络系统部署、系统软件安装、应用软件系统开发加载、加电测试，等等。

七、试运行

试运行是指信息工程项目建设完成后尚没有正式交付建设单位，但已经按照建设要求投入实时在线的运行。试运行实际上是对信息工程项目进行安全性、稳定性、可靠性的测试，也是对信息工程项目技术方案是否合理，建设目标、主要功能、性能是否达到技术方案的确认过程。试运行是信息工程项目正式交付用户使用时不可缺少的一个过程。

八、验收

验收是指信息工程项目建设完成后，经过试运行确认没有问题，最终完全交付用户的最后一个环节。验收通常是由建设者主持并邀请第三方的相关专家，对照技术方案及建设者与承建者签订的具有法律意义的合同契约，以会议的方式进行。

九、迭代更新

信息技术发展日新月异，更新快、迭代快，不断催生新应用的产生。因此，当信息工程稳定运行一段时间之后，随着现代信息技术的发展，对已经实现的信息技术的功能、性能会有新的要求，现有的技术实现方式和解决方案已经无法满足用户的要求，为此，对已有信息工程进行迭代更新将会被提上议程。

第三章　工程项目管理的信息系统

第一节　工程项目管理单业务应用系统

单业务工程项目管理应用系统是指用于辅助工程项目某一目标控制的应用软件，用来实现诸如进度计划、质量控制、成本管理等单一目标管理的信息化。对工程项目的单一目标进行控制的管理业务，在工程项目组织中，都对应相应的职能管理部门。信息技术在工程项目管理中的应用正是从对职能管理部门的业务流程的模拟开始的。

一、工程项目管理单业务应用系统的发展

工程项目管理单业务应用系统最初主要用于施工阶段。最早出现的与工程建设项目管理直接相关的软件是用于会计记账和成本测算的，其基本功能是进行数据的收集和输入、数据传输、存储和加工处理、查询，完成各种统计和综合处理工作，及时提供各种信息。到了20世纪70年代，一些公司研制开发出基于网络计划技术"CPM"和"PERT"的项目管理软件，如"Microsoft Project"等已被工程项目管理人员广泛地用于表示工程建设进度计划。具备进度目标控制功能的软件至少应做到定义作业（也被称为任务、活动），并将这些作业用一系列的逻辑关系连接起来；计算关键路径；时间进度分析；资源平衡；实际的计划执行状况；输出报告，包括甘特图和网络图，等等。除此之外，当前专门的进度计划软件还包含编制双代号网络计划（CPM）和单代号搭接网络计划（MPM）；编制多阶网络计划（MSM）；工程实际进度的统计分析；实际进度与计划进度的动态比较；工程进度变化趋势预测；计划进度的定期调

整；工程进度各类数据的查询；提供多种（不同管理平面）工程进度报表；绘制网络图，等等。进入 20 世纪 80 年代后，在工程建设项目的施工阶段出现了越来越多的软件，如费用管理软件、风险管理软件、资源（人工、材料等）管理软件，等等。还有一些工程项目管理软件应用于工程建设的其他阶段，如决策阶段的项目可行性研究和项目评估软件等。同时，随着信息技术的进步和应用的不断深化，这些系统更加智能化，通过对信息的逻辑分析和数据挖掘，还能提供分析和预测功能，譬如工期变动分析、不可预见事件分析，等等，并在分析基础上产生预测功能，如进度预测、投资预测、资金需求预测，等等。

二、工程项目管理单业务应用系统的应用

（一）多主体进度计划系统

大型复杂工程建设参与单位众多、建设周期长、投资大、质量控制难度大，因此必须要有科学、合理的进度计划做保障，不仅要满足节点控制性工期和总进度工期目标要求，而且要及时动态地对进度计划进行调整。

多主体进度计划系统是一种利用计算机，结合业主、承包商等主体，三阶段分析工程项目多种不确定影响因素，动态调整工程项目进度计划的人机交互系统。进度计划是由多个相互关联的子进度计划组成的具有不同深度的多阶段、多层次的计划体系，使组织结构、项目、"WBS"（工作分解结构）、作业、步骤的形成从粗到细、层层细化，其建立和完善是一个动态过程。鉴于进度计划的精准性、多阶段性、多层次性以及多主体性，多主体进度计划管理系统采用业主和承包商分级三阶段编制工程项目总体进度计划和分部分项详细进度计划。综合考虑工程项目的约束限制因素，将总体进度计划和详细进度计划进行合并。首先，业主根据工程项目的总体状况，制订总体进度计划框架，即编制里程碑和指导控制性计划，并以分包商承包项目为基本标包导入中央数据库中。其次，承包商从中央数据库中下载对应的分部分项工程总体进度计划框架，进一步编制详细的进度计划，并将其上传到中央数据库中。最后，业主导入原先的总体进度计划框架和各分部分项详细进度计划进行合并，通过人为调整，将结果保存到中央数据库中。所有的进度计划都经过 CPM 分析生成关键线路，并生成横道图、网络图、时空线性图。

多主体进度计划系统总体功能分别由以下三个模块实现。

（1）"PWBSP" 模块。"PWBSP"（Project Work Breakdown Structure and Plan）模块，即项目总体进度计划框架模块，是业主从宏观的角度看待整个工

程项目，从战略管理角度判断高级别的问题，并结合工程项目本身的特点和工期要求，编制里程碑和指导控制性计划。"PWBSP"模块的功能包括系统初始化；完成项目总体"WBS"分解，定义各工作之间的逻辑关系以及持续时间，并计算六种时间参数；自动生成甘特图、单代号网络图、形象进度图，并随工程项目信息改变自动调整；生成总体进度计划，以".Mdb"的方式保存于业主数据库中，并分解成需要的标包导出到业主数据库中，便于承包商下载。

（2）"CWBSP"模块。"CWBSP"（Contractor Work Breakdown Structure and Plan）模块，即承包商工作分解结构和计划模块，是承包商针对某一项"PWBSP"模块，根据工程项目的进度计划要求以及实际状况和约束限制条件，从微观的角度进一步分解和细化，编制详细的进度计划。"CWBSP"模块功能包括总体进度计划的下载和导入；工程项目"WBS"的详细再分解；详细定义各工作之间的逻辑关系以及持续时间，计算六种时间参数；自动生成详细的甘特图、单代号网络图、空间位置图，并随工程项目信息自动调整；生成阶段性进度计划，以".Mdb"的方式保存于数据库中，便于施工单位通过工程项目管理系统客户端以及计算机网络上传到业主数据库。

（3）合并模块。合并模块是将"PWBSP"模块和所要汇总的"CWBSP"模块，按照"WBS"编号、约束限制条件、持续时间、逻辑关系自动合并、优化的功能模块。汇总的过程是对上一级"PWBSP"模块的合理补充，对前一"CWBSP"模块的逻辑延续，且使各任务之间的逻辑关系、持续时间等参数沿着整个进度计划准确、无误地运行。

多主体进度计划系统与合同管理、质量管理、安全管理等子系统共同集成构成了某市轨道交通有限公司的总控系统，使投资 21.99 亿的轻轨工程按合同工期顺利完成，并使总成本大幅降低，现正被运用到该市其他在建线路等大型复杂工程中。

（二）建筑工程质量管理系统

施工过程是形成工程实体质量的过程。对施工质量的控制是工程最终的质量保证。工程施工质量的控制涉及建设单位、勘察设计、施工、监理和质量监督等不同的参与方，是一个多方协作的过程，需要各方的共同努力。在我国，设计人员素质普遍较高，所以遵循国家和有关部门颁布的政策、法规和设计文件的难度不大。而施工队伍则良莠不齐，执行施工规范与技术标准存在很大的困难，并且，他们的流动性很大，导致施工经验流失严重，难以积累下来成为企业的财富。在这样的背景下，工程施工质量尤其需要强调监控的重要性，监理和监督部门在质量控制中起着举足轻重的作用。为此，需要将信息化技术全面引入工程项目质量监控体系中。

工程质量监控系统，要面向质量监理和监督部门，构思于质量控制表格中各质量控制点的动态设置之上，能够实现质量监控全过程的规范化管理（统一规范的工作方法和流程），完整记录质量监控过程，并通过数据分析、提炼质量监控新知识，从而实现基于新知识质量监控体系的持续改进，提高工程质量的监控水平。

质量控制点是为保证工序质量而确定的重点控制对象、关键部位或薄弱环节。施工难度大的结构部位、影响质量的关键工序、操作施工顺序、技术参数、材料、机械、自然条件、施工环境都可作为质量控制点。

工程的施工阶段是工程质量的形成阶段。施工过程中质量控制的主要工作包括：以工序质量控制为核心、设置质量控制点、严格检查质量。其中，工序质量作为施工过程质量活动的基本单位，是质量控制的基础和核心，而质量控制点的设置则是对工序质量进行预控和过程控制的有效途径。因此，把握好质量控制点设置和管理环节的工作是质量监控的基础。

质量监控中常用的控制表格是质量控制知识的载体。表格的每一项都对应一个质量控制点，而质量控制知识通过控制点嵌入质量控制表格中。整个质量控制表格类似于一个质量控制知识模板，通过定义知识模板，实现对质量控制知识的捕获，并将捕获到的知识以表达的形式内置到质量控制表格的每一个控制点中（如主控项目中水平灰缝砂浆饱满度必须大于80%；每一个检验批的个数至少6个等）。工程质量监控通过对表格中这些控制点的数据进行检查、分析，并对质量数据进行分析、统计，为质量预警和知识的提取挖掘提供基础。在质量监控系统中，质量控制表格中的控制点的设置是基于如下相关知识库的。这些知识库保持完全开放，以方便知识的修改和添加，实现对质量控制知识的动态更新。监控系统通过表格定义技术的应用，能够满足监控需求并做到知识的不断积累，及时更新质量控制点。

（1）国家法规、技术标准库，包括质量验收规范、技术标准、地方性法规、ISO9000质量标准等规范和标准数据库。这个数据库通常是比较稳定、不易变动的。

（2）质量通病知识库，主要存储一些质量通病、用户反馈的常见质量问题及其预防和解决办法。

（3）质量事故分析知识库，主要存储企业内部，甚至整个行业中，质量安全事故的分析过程和处理办法，同时用统计的方法找出质量事故的频发点并作为质量控制的关键点。

（4）以往各类型工程质量控制点设置经验库，包括以往各种基础（如桩基础、条形基础、箱形基础）、各种承重结构（如框架、框剪、砖混）等各类型工程的质量控制点设置，以及控制点的控制和管理方法。

目前，全国各省市基本都开发了符合当地工程项目质量管理特点的质量监控系统。质量监控系统的应用，对质量监控内容、监控方法、评定标准、监控结果的管理等进行了明确界定，规范了日常监控工作，使监控过程有据可依、监督信息得到完整记录、监控结果有据可查；促使工程质量监控部门的工作程序化，增强了工程质量监控人员的责任心和主动性，也为工程质量责任追究制度、责任落实到人提供了依据；便于质量监控部门对工程监控信息进行实时分析，为整个质量监控工作提供技术支持和知识指引。

第二节　工程项目管理综合业务应用系统

工程的质量、进度、成本等控制目标之间既相互制约又相互依存。工程项目管理追求的不是单一的目标，而是综合目标。单业务工程项目管理应用系统能够提高单一目标的管理绩效，但缺乏各功能之间的集成，项目中各业务之间的信息共享和沟通程度不高，在各职能部门间形成了信息孤岛，同时缺乏来自各部门业务数据所形成的综合信息，导致不能很好地形成知识体系以提供决策支持。

随着单业务工程项目管理应用系统的成熟，工程项目管理系统又开始迈向综合业务应用系统。通过项目组织内部各职能管理部门的集成解决部门间的信息孤岛问题，实现工程项目管理中各目标的综合协调控制。遵循系统集成的理念，首先从信息集成出发，通过信息集成提高组织中各部门的信息共享度，从而保持数据的一致性。其次，信息集成是业务流程集成的基本要求，通过信息集成带动企业的业务流程重组，实现业务流程集成。然而，业务流程的集成必然引起组织的变革，实现组织集成。因此，综合业务应用系统从工程项目管理信息集成开始，通过业务流程和组织集成，形成运行必备的信息集成、业务集成、组织集成的支撑环境。

综合业务应用系统中各子系统分别对应单业务应用系统，拥有各自的专用数据库，可对项目各分目标进行控制，而综合业务应用系统则依靠公用数据库将各子系统公用的数据按一定的方式组织并存储起来，实现各子系统的数据共享，达到对各子系统功能的无缝集成，实现了对工程项目整体目标的协调控制。

此外，综合业务应用系统还向上与企业级的综合信息系统（如企业办公系统等）集成，并向这些系统提供项目的工程数据，以供在企业层面展开基于多项目的控制和分析。通过和企业级综合信息系统的集成，将企业和项目的相关业务进行合理组织，形成一个有机的整体，以优化、改善业务流程的效率，增加企业和项目的收益。譬如，通过多项目的施工成本分析，形成企业内部的定额标准，指导项目投标报价，也为整个企业所有项目的成本控制提供参考；还可以通过报表或者图表的形式辅助分析企业业务成本，使得企业和项目能够合理地降低成本。

工程项目信息系统是以投资、进度、质量三大控制为目标，以合同管理为核心的动态系统。因此，工程项目信息系统至少应具有辅助三大目标控制及合同管理任务的功能。

20世纪90年代中期，综合业务应用系统已相当成熟，比较突出的是将进度管理、资源管理和费用管理业务进行集成。目前，广泛流行的这类软件有国外的"Microsoft Project""Primavera Project Planner"等，国内的有梦龙项目管理软件和大连同洲项目管理软件等。此外，有些软件还集成了进度管理、资源管理、费用管理和风险分析功能，等等。

综合业务应用系统一般包括合同管理子系统、进度管理子系统、投资计划管理子系统、质量管理子系统、安全管理子系统、成本管理子系统、材料管理子系统、设备管理子系统、财务管理子系统。各功能模块是相互独立的，也有内在的逻辑联系和数据联系。

一、合同管理子系统

合同管理系统是对工程项目勘察设计、施工、工程监理、咨询和科研等工程管理活动所涉及的合同的起草、签订、执行、归档、索赔等环节进行辅助管理的功能模块。

合同管理系统一般包括合同会签、合同信息管理、合同变更管理、合同支付管理、工程概算概况、合同信息查询以及合同报表七个功能模块。

（一）合同会签

合同会签是合同部门、审核部门对合同文件进行录入、审核的管理模块。

在此模块下，合同部门可以对合同文件进行新增、修改、删除，同时启动会签流程，相关审批部门以及合同部门部长对合同进行审核确认。同时，各方均可查看审核情况、查询合同文件。

合同会签的一般流程为新增一条合同记录后，由相关部门选择审核部门，启动会签流程；然后由审核部门进行审核，若有一个审核部门认为该合同需要进行修改，则该合同就要在修改后再一次进行审核，若审核部门均认为该合同不需要进行修改，则由会签部门启动审核的确认；启动审核确认后，由合同部门的部长对该合同的审核情况进行确认。

在相关部门启动会签流程后，请求审核部门对文件进行审核。合同部门启动会签流程时需要录入的信息包括启动会签人、启动会签时间、启动会签意见、审核部门。启动会签流程将合同文件上报部门后将不能修改、删除该文件。审核部门对该项目须进行审核。

审核部门对合同部门上报的合同文件进行审核时，只能对合同部门启动会签流程的项目进行审核。如果有一个部门认为该合同需要修改，则该项审核就不能通过。上报部门此时有权对该项审核进行修改后再进行上报。若审核部门均认为该合同不需要进行修改，则要等待合同部门部长对该合同的审核进行最终确认。

合同启动最终审核确认后，合同部门部长将对该合同进行最后的审核确认。各方对项目审核信息进行查看。

当合同文件经过审核后，如果有一个部门认为该合同需要修改，则该项审核就不能通过。上报部门此时有权对该项审核进行删除。

（二）合同信息管理

合同信息管理是合同部门对合同信息进行归档的管理模块。合同信息主要有以下三个来源。

（1）通过招标方式产生的合同信息。这些合同信息在中标管理列表中显示。在合同信息管理中，中标管理列表中的合同信息也要显示。这些合同信息的归档状态均为"未归档"。在合同信息管理中，需要对这些合同进行修改，增加合同编号、合同类别和概算名称。

（2）合同会签中通过审核的合同信息。通过审核的合同信息，同样会在合同信息管理中显示。这些合同信息的归档状态均为"未归档"。在合同信息管理中也需要对这些合同进行修改，增加合同编号、合同类别和概算名称。

（3）其他合同。这些合同不是通过招标或者会签产生的，它们直接在合同信息管理中通过新增来创建。

合同信息管理是由合同部门对合同信息进行新增、归档、修改、删除以及明细查看。同时，各方均可查询合同信息。

由合同部门执行合同文件的增加；对于归档方式为"已归档"的合同信息，合同部门可以进行修改；对于由招标程序以及合同会签产生的合同文件，合同部门要对其进行归档处理。另外，合同部门可以查看合同的详细信息和删除的合同信息。

（三）合同变更管理

合同变更管理是合同部门对变更合同信息进行管理的模块。

合同部门对变更合同进行新增、修改、删除、明细查看以及查询。由合同部门增加变更合同的信息，并且可以修改变更合同的信息。

各方可以查看的变更合同的基本信息包括变更合同编号、变更合同名称、变更合同类别、变更合同金额、签订日期、乙方、原合同名称、原合同编号、概算名称、预付款、付款方式、支付方式、备注，以及附件信息（附件名称、上传人、附件说明、上传日期）。

（四）合同支付管理

合同支付管理是合同部门对合同的支付信息进行管理的模块。

合同部门对合同支付信息进行新增、编辑以及明细查看。此外，各方均可以对合同支付信息进行查询。

由合同部门增加支付合同的信息。需要录入的合同信息包括合同名称、合同金额、合约方、付款方式、主管单位以及备注，并且合同部门可以编辑合同的支付信息，如增加、修改、合同的支付。同时，系统还可以提供合同支付情况的曲线图，用曲线形象地显示合同的支付信息，如预付款、第一次申请支付金额、第二次申请支付金额、各支付金额占合同金额的比例，以及累计已支付的比例。

（1）增加信息。由合同部门增加合同的支付信息，包括支付名称、支付金额、付款依据以及备注。

（2）上报信息。由合同部门将增加的合同支付金额上报。审核部门只能对上报的合同支付信息进行审核，不能进行修改、删除。上报后，该合同支付信息进入等待审核状态。

（3）审核信息。审核部门对合同部门上报的合同文件进行审核。审核部门只能对合同支付的项目进行审核，其审核的内容是合同支付的基本信息（支付名称、请款金额、申请部门、实际支付金额、付款方式、收款单位、合同金额、至今已累计支付金额、合约方、申请日期、付款依据以及备注）。审核后，审核人需要录入的信息包括办理人、时间、审核情况（通过、驳回）、办理意见，其中办理人、时间（默认为当前时间）、审核情况（通过、驳回）为必填项目。

（4）审核情况信息。各方对合同支付审核信息进行查看，可以查看的内容包括审核情况（办理人、办理意见、时间等），基本信息（支付名称、请款金额、申请部门、实际支付金额、付款方式、收款单位、合同金额、至今已累计支付金额、合约方、申请日期、付款依据以及备注）。

（5）修改信息。合同支付经过审核后，如果有部门驳回该合同支付，上报部门此时有权对该项审核进行修改。修改的基本信息包括支付名称、支付金额、付款依据以及备注。

（6）删除。上报部门可以删除合同支付的信息。

（7）详细信息。各方可以查看合同支付的详细信息，可以查看的信息包括支付名称、实际支付金额、申请部门、合同名称、付款方式、收款单位、合同金额、至今已累计支付金额、合约方、申请日期、付款依据以及备注。

另外，各方可以查看合同的详细支付信息。系统可以提出列表与曲线图两种显示方式。列表的信息包括支付名称、支付金额、实际支付金额、累计已支付比例以及支付时间。合同支付情况的曲线图包括预付款、第一次申请支付金额、第二次申请支付金额、各支付金额占合同金额的比例以及累计已支付的比例。

（五）工程概算概况

工程概算概况是各方查看合同概算的统计信息的模块。该功能模块是将合同与其相对应的概算项相联系，汇总出各个概算项的合同数量、合同金额等信息。

通过查看合同概算的统计信息，可获得工程的各个概算项相关的合同的汇总信息，包括份数、合同金额、占总合同的百分比，并以合同概算分类统计图形象显示；同时，还可以通过查看"工程或费用名称"下的具体的概算项，获得所有相关的合同的基本信息，包括合同编号、合同名称、合同类别、概算名称、签订日期、乙方、合同金额、预付款、付款方式、支付方式等信息。

（六）合同信息查询

合同信息查询是各方对合同的信息进行综合查询的模块。

各方可以综合查询合同基本信息、查看合同的详细信息。用户可以选择想要查看的合同类别，如合同所属的线路名称、合同类型（前期准备、土建工程等）。所显示的信息包括合同编号、合同名称、合同类别、概算名称、签订日期、乙方、合同金额、预付款、付款方式、支付方式、审核状态。

各方可通过合同编号、合同名称、合同类别、合同金额、付款方式、签订日期、乙方、概算名称、预付款、审核状态对合同信息进行综合查询，查询结果以列表形式显示。列表基本字段包括合同编号、合同名称、合同类别、合同金额、付款方式、签订日期、乙方、概算名称、预付款、支付方式、审核状态。

对于列表中的合同，可以查看该合同的详细信息，比如，基本信息（与合同信息管理中的"明细"相联系）、变更信息（与合同变更管理中的"明细"相联系）、支付信息（与合同支付管理中的"明细"相联系）以及附件信息。

（七）合同报表

合同报表是各方查看合同报表的模块。

在合同报表中，各方可以查看的合同信息包括合同名称、合同类别、合同单位、合同编号、签订日期、概算金额、合同金额、累计应付金额、累计已支付金额、累计已支付比例、剩余支付金额。

各方对合同信息可进行查询的字段包括合同名称、合同类别、合同单位、合同编号、签订日期、概算金额、合同金额、累计应付、实际支付，查询结果以列表形式显示。列表基本字段包括合同名称、合同类别、合同单位、合同编号、签订日期、概算金额、合同金额、累计应付金额、累计已支付金额、累计已支付比例、剩余支付金额、付款时间。

二、进度管理子系统

进度管理系统是通过项目的计划进度和实际进度进行不断比较，为进度管理者及时提供工程项目的进度控制信息，从而有效控制工程项目实施进度的功能模块。

进度管理系统可以实现对工程项目施工过程中的进度计划、现场协调，以及所涉及的相关文档进行的集成管理，分为形象单元维护、进度计划、现场文档管理和文档综合查询四个模块。其中，形象单元维护模块实现了用户对形象单元划分的定义，方便进行形象进度的上报；进度计划模块则可以实现进度计划编制，及其施工进度的控制；现场文档管理模块主要对进度管理中所涉及的相关文档进行管理；文档综合查询模块则实现对这些具体文档的查询功能。

（一）形象单元维护

形象单元维护是用户根据实际上报需要来具体定义形象单元，具体包括形象单元的新增、修改、删除、查看等功能。

（二）进度计划

进度计划模块是项目部对工程施工过程的进度计划编制、进度过程控制等的管理，包括输入、修改、删除信息，生成进度图，上报形象单元信息等进度控制管理。

（三）现场文档管理

现场文档管理是对施工过程中进度管理所涉及的现场文档的具体管理，包括工作联系单、现场检查记录表、人员变更审批表、管线迁移审批表、工程建设监理履约评价表等文档。文档管理根据需要，分为文档类型和具体文档的管理。在本模块里可以实现对这些文档类型和具体文档的新增、查看、修改、删除等操作，还有一些文档的上报审批等。

1.现场文档类型管理

现场文档类型管理主要是对树结构类型信息的新增、修改、删除、查看等操作。首先选择对应树结构的文档类型，系统可以统计出对应类型下面的文档类型（文档）信息，包括名称、文档数量统计等信息。

现场文档类型的新增操作，可以在树结构中添加上层类型的子类型，通过选择是什么类型，确定新增操作的指向，然后录入类型名称、相关备注等信息。

现场文档类型的明细、修改操作，可以查看已录入的类型信息，包括类型名称、相关备注等信息。

2.现场具体文档管理

现场具体文档管理包括工作联系单、现场检查记录表、人员变更审批表、管线迁移审批表、工程建设监理履约评价表等文档的管理。每种文档的管理各不相同。

（1）工作联系单

工作联系单的新增信息是添加一个具体文档的信息，包括文档名称、文档编号、联系单编号、项目名称、主题、主送单位、抄送单位、内容、经办、审核、签发日期、接收单位、签收日期等信息。选择发送，则将本联系单发送给应发送人。

工作联系单的明细是查看具体文档的信息，包括文档名称、文档编号、联系单编号、项目名称、主题、主送单位、抄送单位、内容、经办、审核、签发日期、接收单位、签收日期等信息。

工作联系单的修改只有在未发送文档的操作栏中，才可进行文档的修改，也可修改已录入并且未发送的具体文档信息。

系统可通过设置具体的筛选条件，如文档名称、文档编号、签发日期等信息，筛选出符合要求的具体文档，并以列表形式显示。

（2）现场检查记录表

现场检查记录表用于公司质量安全部和建设事业总部对土建及设备安装施工单位、监理单位的安全检查。

现场检查记录表新增了一个具体文档的信息，包括文档名称、文档编号、工程名称、检查时间、施工单位、监理单位、检查部门和人员、备注等信息。

现场检查记录表的明细、修改包括查看、修改已录入文档的信息，如文档名称、文档编号、工程名称、检查时间、施工单位、监理单位、检查部门和人员、备注等信息。

该表内容确定不再修改时即可进行上报审批，然后进入审批状态，不能再进行修改。不同审批人只能填写不同的审批信息。审批人只有权力填写属于他的部分信息。选择基本信息选项卡，可以查看具体的审批内容。审批批准时，审批内容将被添加到审批状态里面；重新审批则返回上一步，激活修改按钮，同时可以查看已审批人对该表的审批情况，包括办理人单位、办理人、办理时间、检查记录及结论、整改措施、整改措施落实情况、复查意见等信息。

（3）人员变更审批表

人员变更审批表新增了一个具体文档的信息，包括文档名称，文档编号，项目名称，单位名称，变更人员姓名、担任岗位、专业技术职称、上岗证、年龄，拟入人员姓名、担任岗位、专业技术职称、上岗证、年龄，变更原因，拟入人员工作经历，备注等信息。

人员变更审批表的明细是查看已录入文档的信息，包括文档名称，文档编号，项目名称，单位名称，变更人员姓名、担任岗位、专业技术职称、上岗证、年龄，拟入人员姓名、担任岗位、专业技术职称、上岗证、年龄，变更原因，拟入人员工作经历，备注等信息。

该表内容确定不再修改时即可进行上报审批，然后进入审批状态，不能再进行修改。不同审批人填写不同的审批信息。选择基本信息选项卡，可以查看具体的审批内容。审批批准时，审批内容被添加到审批状况里面；重新审批则返回上一步，激活修改按钮，同时可以查看已审批人对该表的审批情况，包括办理人单位、办理人、办理时间、办理意见等信息。

（4）管线迁移审批表

管线迁移审批表新增了一个具体文档的信息，包括文档名称、文档编号、项目名称、单位名称、变更次数、变更原因，等等。

该表内容确定不再修改时即可进行上报审批，然后进入审批状态，不能再进行修改。不同审批人只能填写不同的审批信息。选择基本信息选项卡，可以查看具体的审批内容。审批批准时，审批内容将被添加到审批状况里面；重新审批则返回上一步，激活修改按钮，同时可以查看已审批人对该表的审批情况，包括办理人单位、办理人、办理时间、办理意见等信息。

（5）工程建设监理履约评价表

工程建设监理履约评价表新增了一个具体文档的信息，包括文档名称、文档编号、监理单位名称、法人代表、单位地址、邮政编码、营业执照、资质等级、工程项目名称、具体的评价内容及意见、综合评价、评价人员姓名等信息。

对于其他类型的文档信息显示也相同，包括文档名称、文档编号、日期、备注等信息。可以以附件形式上传，并且添加相关附件信息，如附件名称、说明、上传日期、上传人，等等。

（四）文档综合查询

在该模块里可以实现对已录入相关文档的检索查询，如工作联系单、现场检查记录表、工程建设总监项目经理变更审批表、管线迁移审批文档、工程建设监理履约评价表等文档资料。

使用进度管理子系统的用户可以通过填写查询条件，如线路、文档类型、文档名称、文档编号等信息，便可查得符合条件的文档列表，文档列表中包括文档名称、文档编号、备注等信息；同时可以对这些已查到的文档进行修改、删除、查看明细的操作。对于检索出来的文档列表，用户可以进行下载操作。

三、投资计划管理子系统

投资计划管理模块是投资主管部门对投资计划及其完成情况进行编制、审核的功能模块。投资计划管理模式可以分为计划项管理、投资计划编制、投资计划审查以及投资计划汇总四个功能模块。

（一）计划项管理

计划项管理是投资主管部门对计划项进行定义，使之与相关部门、合同进行关联的管理模块。

在计划项管理功能模块中，投资主管部门可以进行计划项的定义、计划项与部门的关联、计划项与合同的关联。

1.计划项的定义

计划项的定义是投资主管部门通过对计划项的添加、编辑与删除等操作，实现对计划项的管理。计划项的添加分为添加同级计划项和下级计划项两种类型。

添加同级计划项时，用户可以添加与该计划项同级的计划项。需要录入的信息包括计划编码、标题编号、计划名称、概算金额以及控制目标值。添加的计划项将在计划项列表中显示。

添加下级计划项时，用户可以添加该计划项下的计划项。需要录入的信息包括计划编码、标题编号、计划名称、概算金额以及控制目标值。添加的计划项将在计划项列表中显示。

2.计划项的关联

计划项的关联是投资主管部门对计划项与相关的部门、合同进行关联的操作。譬如，设计费用与总工办的设计合同关联，通过将计划项与部门相关联，部门对计划项投资计划的编制情况就会有更多了解，有利于计划项投资计划的完成；计划项同合同关联，能够将计划项投资完成状况同合同支付有机联系在一起。

以树结构为依托，用户能够将部门关联的计划项选择出来，从而把部门列表中与计划项关联的部门勾选出来。而且依据树结构，用户能够选择合同关联的计划项，实现对合同的增加。

（二）投资计划编制

投资主管部门和计划项关联部门为了编制年度投资计划和月度投资计划，设定了投资计划编制的管理模块，以实现对投资计划的管理。

　　这一模块能够实现对年度投资计划和月度投资计划的编制。投资主管部门和计划项关联部门依靠投资计划编制模块，能更轻松地掌握投资计划的完成情况。

　　编制部门在编制年度投资计划时，应选择相应的年度和部门，从年度投资计划列表中选出需要编制的计划项，并将相应的投资金额写在各个月份的计划项中。当计划项投资金额编制好后，就会显示在年度投资计划列表中。在年度投资计划列表中，可以清晰地将计划项的年合计、月合计、年形象进度等信息显示出来。

　　编制部门编制月度投资计划时，也要对相应的年度和部门进行选择，并在投资计划列表中选择相应的月份来完成计划项的编制，然后将相应的投资金额写在不同月份、不同旬的计划项上。计划项投资金额填写完成后，就能显示在月度投资计划列表中。该列表所显示的是计划项的合同价、年计划、月合计等信息，还包括年计划中每个月的各个旬所占的百分比信息，等等。

　　月度投资计划由计划项的相关联部门编制月度投资完成。编制部门选择要编制投资完成的年度、自己所属的部门，在投资计划完成列表中选择要编制的月份。月度投资计划完成列表中要编制的计划项，填写该计划项在该月完成的投资金额。编制好的计划项的投资完成金额在月度投资计划完成列表中显示。月度投资计划完成情况列表中显示的信息为各个计划项的合同价、年计划、月计划、本月完成占月计划百分比、本年累计完成占年计划百分比等信息。

（三）投资计划审查

　　每个部门的月度投资计划都需要由投资主管部门进行审查，并了解投资计划的完成情况。投资主管部门审查月度投资计划时，应对需要进行审查的年度进行选择，然后再选择相应的月度投资计划。在计划中，对需要审查的部门进行选择后，就可以查看审查部门的月度计划了，其中包含每个月各个旬所填写的投资金额。投资主管部门也可以直接对月度投资计划中的内容进行修改编辑。计划项的合同价、年计划、月计划等都在月度投资计划列表中明确显现出来。

　　投资主管部门除了能够对一个部门的月度投资计划进行审查外，还能对相应的月度投资完成金额进行查看，而这些信息主要是计划项的年计划、月计划、合同价、本月完成情况等内容。

（四）投资计划汇总

将不同部门的计划汇总后，就会形成月度或年度投资计划列表，这就是投资计划汇总。

月投资计划汇总列表中，展现的信息主要是计划项的合同价、年计划、月计划、本年累计完成，等等。年度投资计划汇总列表中，展现的信息则是计划项合计、各月份信息等。

同时，用户可以将这些列表导出到 Excel 表格中。

四、质量管理子系统

质量管理子系统是辅助质量管理员制订项目质量标准和要求，对比项目实际质量和质量标准，获取相应的质量信息，然后对实际的工程项目质量进行管控的功能模块。

质量管理子系统所包含的功能模块一共有六个部分，分别是单元工程分解与定义、材料与试件检测、施工工序检测、工程质量问题管理、工程验收与评定、信息查询与主要报表。

（一）单元工程分解与定义

在质量管理系统的应用中，单元工程分解与定义是非常重要的，这个步骤在施工规范化管理中也是不可或缺的。在实行单元工程分解时，需要将工程划分成不同的子工程，如单位工程、分项工程、单元工程，等等，然后利用 16 位编码对这些子工程进行综合管理。单元工程的分解编码可以应用在施工工序检测、试件检测、质量问题、工程验收等环节中，能够对模块的具体实施对象进行确定。

工程编码采用 16 位数，每位可以取阿拉伯数字或英文字母。编码结构为："aaaabbbbccccdddd"，其中，"aaaa"表示单位工程，"bbbb"表示分部工程，"cccc"表示分项工程，"dddd"表示单元工程。例如，泄洪坝段合同划分为 3 个单位工程，即左导墙坝段及左导墙单位工程（单位工程编码 2）、泄洪 1～23 号坝段单位工程（单位工程编码 3）、纵向围堰坝段单位工程（单位工程编码 4）、泄洪 1～23 号坝段中每一坝段混凝土工程为一分部工程，每一仓混凝土为一单元工程。

（二）材料与试件检测

工程材料检测和施工现场试件检测是材料与试件检测的两部分内容。一般将材料检测和试件检测放在同一个检测模块中，因为二者具有相同的特征。检测过程是将材料和试件按照品种规格、型号等进行编码，根据品种制定检测的指标项目，根据型号来明确检测值，最后确定相应的检测标准。开始检测时，根据材料和试件的型号进行，每次检测只对应一种型号，然后依照型号来划分相应的指标，最后登记检测结果。工程的验收和评定需要以材料和试件检测作为重要的依据，所以系统还在材料与试件检测模块中添加了同工程部位连接的功能。

（三）施工工序检测

施工工序检测一般以单元工程为单位展开，首先确定相应的施工类型，然后把这些施工类型按照不同的施工工序划分开来，最后形成相应的检测指标。因此，工序检测中的最小单位就是检测指标。通常，施工工序检测应包含以下内容。

第一，工序的编号、名称、开始时间和结束时间。

第二，施工单位开展施工工序检测的初检、复检、终检，监理签证人、签证时间、签证意见、施工单位意见、质量评定，等等。

第三，工序中所包含检验标准、合格点数、最大值、最小值、平均值、检验结论等检测指标。

（四）工程质量问题管理

工程质量问题管理是指管理工程质量报告、问题初步处理措施审查、质量问题处理，等等。一般工程质量问题会在合同项目、单位工程、分布工程、单元工程等对象中出现，所以其产生质量问题可能是大范围的，如合同项目；也可能是小范围的，如单元工程。所以，要做好对工程质量问题的管理工作，其管理过程包含以下方面。

首先，要出具工程质量问题初步报告。工程质量问题初步报告包含众多关于工程质量问题的内容，如质量问题的编号、名称、状态，还包括质量问题的发生时间、发现时间、发生地点、问题类型、情况描述、原因分析、应急措施，等等。另外，合同编号、施工单位、设计单位、监理单位、报告单位、报告时间等也包含在其中。

其次，要对工程质量问题进行审查。审查内容主要有签收单位、签收人、签收日期，还包含监理工程师的签字和日期、工程项目部的审查意见、项目部负责人的签字和日期、工程技术部的签字和日期，等等。

最后，要处理工程质量问题，还需要分析工程质量存在的问题及原因，是设计问题还是施工问题，是材料问题还是设备问题，等等，然后明确因为质量问题给工程造成的经济损失，确定相关负责单位和负责人，最后对问题的类型、处理日期、处理过程、处理结果等进行确定，并确定质量问题的名称和文件编号。

（五）工程验收与评定

工程验收与评定包含七个方面的内容，分别是单元工程评定、分项工程评定、分部工程评定、单位工程验收、合同工程验收、工程阶段验收、重大工程验收。

工程验收与评定需要遵守国家制定的标准。验收工程首先要检查施工质量签证，施工单位自己先完成自检，合格后向监理方提出验收申请；监理单位收到验收申请后对工程进行检查并完成质量评定。工程验收时，设计单位也参加并签署对工程验收的意见。工程项目的各参与方都会在工程验收阶段来评价工程质量，如果发现质量问题可以签署相关意见，并对处理的结果签署意见。

工程验收与评定模块中包含对工程质量进行验收的相关自检和申请的信息。工程质量验收的信息主要包括验收编号、验收类型、验收单位、合同编号、设计单位、监理单位、施工单位，等等，还包括施工单位的初检、复检、终检的检验人和检验日期，施工单位自评的意见和等级，验收申请的编号、内容和时间，等等。验收评定的意见主要是施工单位、监理单位、设计单位、业主单位、验收单位等的意见。工程质量验收评定的结论信息主要是验收结论、验收等级、问题和处理意见，还包括施工单位、监理单位、设计单位、业主单位、验收单位等的代表签字。此外，验收的相关文档名称、编号等也包含其中。

（六）信息查询与主要报表

质量管理子系统中的信息查询能够对单元分解、单元评定、单元解码、工序检测质量问题、质量标准等进行查询。

主要报表包含工程质量评定月报表和质量问题汇总表。质量评定月报表能够根据不同的工程项目类型对当年、当月的质量验收情况进行统计，包括单元工程个数、合格单元数、一检合格单元数、一检合格率，等等。质量问题汇总表统计了工程项目建设中不同时段、不同合同中存在的质量问题，主要内容包括问题发生的时间、位置、处理措施，等等，同时也对不同类型的质量问题进行了统计。

五、安全管理子系统

安全管理子系统能够确保工程项目安全，而且有处理安全隐患和事故的功能模块。安全管理员可以利用安全管理子系统来制订工程项目的安全程序，同时也能对工程项目的安全检查、安全报表等进行获取，以确保工程项目的安全。安全管理员通过安全管理子系统可以将安全报表及时上报，避免出现安全隐患和安全事故。

安全管理系统是保证工程项目安全的平台，可以共享施工项目中的各种安全管理信息，并在后台制订对工程安全事故进行管理的台账，可以结合工程安全管理数据来分析安全通病、对比自控率、实现安全评分，让工程项目的施工可以实现从检查、上报到整改，再从复查、核查到可考核的安全管理模式。

安全管理系统包含五个同建设项目安全相关的模块，分别是安全管理信息平台、施工安全检查、安全状况分析与评价、安全事故及隐患管理、监理管理。

（一）安全管理信息平台

安全管理信息平台包括项目基础图、数字栅格影像图、沿线地形图、卫星遥感影像、地质情况分布专题图、单位工程分布专题图、施工图纸等相关数据，等等。通过安全管理信息平台，可以清楚地看到工程的相关地理信息，并且通过电子地图的地图浏览工具栏实现对工程信息、安全信息、交通信息等的查询。此外，还可以通过地图定位功能输入里程、地址等对相关信息进行定位、查看。

（二）施工安全检查

安全检查子系统是整个安全管理信息系统的核心，是既要利用安全检查对系统需要的相关数据进行采集，还要完成对施工现场安全问题的综合管理，如实检查、上报、整改、复查、核查、考核的闭环管理模式。安全检查子系统能够实现对安全检查结果录入、安全问题复查、安全隐患查询、构建安全隐患库等功能。

（三）安全状况分析与评价

在安全管理基础数据的基础上，安全状况分析与评价模块可以汇总安全隐患的信息，实现评分对比、标段安全自控率对比等操作，还能对施工中的安全状况进行量化分析，构建通病数据库，将数据库中的数据信息转换为安全管理信息，便于决策者和执行者对工程项目施工现场的安全状况进行更有效的管控。

（四）安全事故及隐患管理

安全事故及隐患管理模块能够针对安全事故和隐患建立相应的管理台账，从而完成对安全事故信息的汇总、上报和查询等功能，实现对安全事故的追踪和预防，有利于流程化管理安全事故，还能够建立事故和隐患数据库，这对后续工程项目中预防安全事故和隐患有积极作用。

（五）监理管理

监理管理模块从安全管理的角度为监理单位提供了一个信息平台。监理单位通过建设指挥部根据相关的基础数据对所管辖的施工单位进行评分对比，从而实现对施工安全问题的管理。监理单位还可以通过系统进行施工台账管理、文档管理等业务。

六、成本管理子系统

成本管理子系统能够帮助企业管理者对各种成本进行管控，还可以制订成本计划、进度计划，并随时对计划进行调整。通过成本管理子系统可以实现成本分析和成本控制，最后生成可以为企业提供成本管理的信息资料。

结合工程项目成本管理的相关流程，工程项目成本管理子系统包含五个功能模块，分别是基础数据管理、成本计划、成本核算、成本控制与分析、成本报表。

（一）基础数据管理

基础数据管理模块能够对工程项目中的基础数据进行维护和管理，使所提供的数据更加准确和完整，有利于实现成本系统的有效管理。在基础数据管理模块中，所包含的基础数据有物料编码、材料价格、部门信息、职工信息、班组信息、工程名称，等等。

（二）成本计划

成本计划模块能够随时对成本计划进行调整，完成动态管理施工项目成本的工作。根据网络进度计划，系统在调整成本计划时能够产生各种类别的成本计划，如项目成本计划总表、间接费用计划表，等等。

（三）成本核算

成本核算在成本管理中起到了重要的作用，因此，开发出的成本核算模块要为成本分析提供相应依据，以促进经济效益的发展。成本核算模块具有材料费用计算、人工费用计算、管理费用和其他费用计算、工程成本核算等功能。

实现材料费用计算，主要根据各个单位的工程领料单来计算，将工程领料单输入系统中，就可以计算出消耗的材料费，然后统计各单位工程在材料费用上的消耗。

实现人工费用计算，主要根据任务单和考勤表来汇总用工的工时数，再利用平均工资和工时数来计算。

实现管理费用和其他费用计算，主要根据单位工程预算成本的费用来运算，把单位工程生成值、现场管理经费、其他费用等输入系统，最后在费用分配表中划分出各种费用的数据信息。

实现工程成本核算，分别对材料耗用表中的材料费、用工分析表中的人工费、费用分析表中的其他费用、预算成本分析表中的预算成本等进行调用，然后对这些费用进行统计和核算，最后总结出工程成本明细账。

（四）成本控制与分析

成本控制与分析模块拥有成本差异分析的功能，能够对比分析实际成本与目标成本，从而对目标成本和实际成本之间产生偏差的因素进行分析，并寻找能够实现目标成本的方案。导致成本控制出现偏差的因素主要包括实际偏差、计划偏差、目标偏差。其中，实际偏差是工程项目的预算成本和实际成本之间出现的偏差；计划偏差是目标成本和预算成本之间存在的偏差；目标偏差则是目标成本和实际成本之间的偏差。为了更好地控制成本，需要采用成本差异分析，从而能够及时对各种成本差异进行分析，并采取合理、有效的处理措施，将成本偏差控制在适度的范围内。

成本控制与分析模块具有成本预测分析的功能，可以结合原有的成本资料来预测现有工程项目的成本发展变化情况。成本控制与分析模块能提供线性回归分析预测、移动平均预测、指数平滑预测等预测模型。用户可以根据自己的需求来选择适宜的预测分析模型。

（五）成本报表

成本管理子系统完成各种分析计算后，还需要考虑如何输出计算结果，其中有效方式之一便是生成各种分析报表，主要包括成本分析报表、材料消耗表、费用分配表，等等。该系统还能提供人机交互式报表的修改功能、查询功能以及打印功能。

七、材料管理子系统

材料管理子系统主要负责对工程施工过程中相关的材料信息、供应商信息的维护，对材料计划的编制与审批，对甲供和甲控材料的管理，对材料价格及使用情况的管理。

材料管理子系统共分为材料维护、供应商管理、材料计划、甲供材料供应管理、甲控材料质量文档管理、材料价格管理和材料报表七个模块。其中，材料维护模块可以实现工程施工过程中的所有材料信息的新增、查看明细、修改、删除和查询等功能；供应商管理模块可以实现施工过程中的所有供应商信息（包括甲方和施工方）的新增、查看明细、修改、删除和查询等功能；材料计划模块可以实现每月材料计划的编制、查看、上报、审批、查询等功能；甲供材料供应管理模块可以实现甲供材料的计划编制、修改、查看、审批等功能；甲控材料质量文档管理模块可以实现对甲控材料信息的编制、查看等功能；材料价格管理模块可以实现每月材料价格的编制、查询以及根据月度价格生成材料价格报表等功能；材料报表模块可以生成某月份某线路的材料供应、使用、价格等情况的报表。

（一）材料维护

材料维护是材料部对工程施工过程中的材料进行材料信息的新增、查看明细、修改和删除等操作，以实现对材料信息的管理。

用户可以录入施工过程中所涉及的所有材料信息，包括材料类别、材料名称、材料规格或等级、计量单位和备注等信息。

（二）供应商管理

供应商管理是对工程施工过程中所涉及的材料供应商的所有信息的管理。根据实际情况，分为甲方和乙方两个部分的管理模块。

1.甲方的供应商管理

甲方的供应商管理是材料部对工程施工过程中涉及甲方的材料供应商的信息的新增、查看明细、修改和删除等操作的管理。

该模块里的供应商信息是和参建单位的供应商信息联系在一起的，因此，可以通过设置供应商的筛选条件来筛选出符合条件的供应商。如果供应商信息不在此列表中，可以通过新增操作，新增具体的供应商信息，包括单位名称、类型、法人、网站、电话、传真、邮箱、经营范围、备注等，同时可以对供应材料的类型、名称、规格或等级等信息进行选择。

用户查看已录入供应商的具体信息包括单位名称、类型、法人、网站、电话、传真、邮箱、经营范围、备注及供应材料，等等。

查询供应商的信息可以通过设置供应商类型的查询条件，查询到符合该条件的供应商列表和供应材料列表。供应商列表一般包括供应厂家名称、单位类型、法人、地址、电话等信息；供应材料列表包括材料类型、材料名称、材料规格或等级、计量单位、备注。

2.乙方的供应商管理

乙方的供应商管理是工程施工的施工单位所涉及的供应商信息的新增、查看明细和删除等操作的管理。

施工单位可以新增与自己有关的材料供应商信息，这些供应商信息是建立在甲方供应商列表之上的，可以在此基础上进行选择获得，包括供应商的类型、名称、法人、电话、地址等基本信息。

（三）材料计划

材料计划是对施工过程中各施工单位材料计划的编制，及其上报审批的管理。

材料计划的编制中需要填写项目名称、监理单位、施工单位、年度、月份、填报人、填报日期、甲方现场负责人、材料部负责人以及备注等相关信息。

具体录入的材料计划信息包括材料类型、材料名称、材料型号规格、单位、用途、材料供应单位、申请数量、现有库存、材料堆放地点以及备注等信息。

施工方编辑计划结束后，需要将材料计划上报审批部门。材料计划只有被上报后，审批部门才能进行审批。上报后的材料计划不能进行修改。

材料计划被上报后，审批部门对其进行审批，审批需要录入办理人、办理人部门、办理时间、操作名称、步骤名称、办理意见等信息。如果审批批准，则本条审批具体信息将被添加在审批情况内。想要了解材料计划的审批情况可以查询当前材料计划的具体审批信息，包括办理人、办理人部门、办理时间、操作名称、步骤名称，等等。

（四）甲供材料供应管理

甲供材料供应管理是工程施工过程中各施工单位对甲供材料供应表的编制、上报与审批等操作的管理。

甲供材料供应表的编制中需要填写项目名称、施工单位、监理单位、用途、甲方现场负责人、材料部负责人、年度、月份、填报人、填报日期以及备注等信息。用户可以添加相关的甲供材料信息，例如供应商、材料名称、材料类型、单位、型号规格、计量数量、供应数量、供应时间以及备注，等等；同时，可以进行相关附件的上传，包括附件名称、附件说明、上传日期、上传人，等等。

甲供材料供应表编制完成后，应进行上报。甲供材料供应表只有被上报后，审批部门才能进行审批。上报后的甲供材料供应表不能进行修改。

甲供材料供应表被上报后，审批部门会对其进行审批，审批后，需要录入的信息包括办理人、办理人部门、办理时间、操作名称、步骤名称、办理意见，并确定是批准审批还是驳回申请。

可以在甲供材料供应表审批后查看审批情况，可供查看的信息包括办理人、办理人部门、办理时间、操作名称、步骤名称，等等。

（五）甲控材料质量文档管理

甲控材料质量文档管理主要通过工程施工单位对甲控材料信息的编制、检测结果的上报及材料部对文档的查看，来实现对甲控材料质量文档的管理。

用户可以增加的甲控材料信息包括材料类型、材料名称、材料规格或等级、计量单位、供应厂商、合格证编号、进场数量、进场日期、复试报告编号、复试报告结论、检测单位、使用数量、填表人、填表日期、主要使用部门以及备注，等等；同时，可以进行附件的上传。需要录入的附件信息包括附件名称、附件说明、上传日期、上传人，等等。

查询操作是各方对材料计划进行查询，查询字段为项目名称、材料类型，查询结果以列表形式显示。列表信息包括供应单位、项目名称、填报日期、填报人以及材料类型，等等。

（六）材料价格管理

材料部在工程施工过程中管理材料的价格的行为被称为材料价格管理。在系统中，材料价格管理可以划分为两个功能模块，分别是材料价格维护和材料价格报表。

1.材料价格维护

在工程施工中，材料部管理材料价格的行为被称为材料价格维护。一般情况下，材料部会编制、查看、修改材料价格，从而对材料价格进行维护。材料部在编制材料价格时如果是按月份进行的，就是月度材料价格维护，主要操作可以是查看、修改、删除，等等。

材料部可以添加材料价格列表中材料的价格信息，包括材料类型、材料名称、材料规格或等级、计量单位、供应价格、预算价格、填报人、填报日期以及备注等信息。

各方可以对材料价格进行查询，查询字段为年度，查询结果以列表形式显示，从而进一步查看相关信息。

2. 材料价格报表

材料价格报表是材料部结合材料价格所形成的，能够预示一段时期材料价格的变化情况。

用户能够通过系统对材料价格进行查询，然后生成这个年度的材料价格报表。用户所生成的材料价格报表通常是柱状、曲线等形状的图形。

（七）材料报表

材料部往往会结合自己对某个月份的材料使用的情况来生成材料报表。

一般，材料部可以选择要生成材料报表的时间和线路，然后根据材料的使用情况形成材料报表。材料报表中包含的信息包括材料名称、材料规格、材料价格、材料需求量、供应需求量、累计计量数量、累计剩余数量、本月计划数量、本月供应数量、本月剩余数量、本月计量金额，等等。用户还能根据自己的需要下载材料报表。

八、设备管理子系统

设备管理子系统是由公司的供电部门、信号部门等设备部门为了更好地处理设备文档而创建的管理系统，可以对一些设备建制报表、设计联络单、出厂验收文档等进行查询、管理等操作。

设备管理子系统通常设置三个功能模块，分别是设备文档管理、设备土建接口文档管理、设备文档综合查询。

（一）设备文档管理

设备部门为了更好地处理设备建制报表、设计联络单、出厂验收文档等设备文档而设计的综合管理模块就是设备文档管理。

设备文档可以划分成多个种类，包括设备建制报表、出厂验收文档、设计联络单、质量回访单、到货验收、开箱检验单、竣工验收证书、最终验收证书、质量责任书，等等。需要说明的是，对于这些分类，用户还可根据自己的需要，进一步进行分类。例如，对于会议纪要，用户可以对其进行更详细的分类，如按照合同分为"Ⅰ标段文档""Ⅱ标段文档"，等等。

设备部门可以通过文档管理来对各种设备文档进行查看、修改和删除等操作。其他方则只能查询设备文档。

设备文档管理包括以下几种形式。

1.会议纪要类设备文档

对会议纪要类设备文档进行新增、修改、查看及删除操作。

由设备部门执行会议纪要的增加包括会议主题、文档名称、文档编号、会议主持、与会人员、文档编写、会议日期、抄送部门、备注。其中，会议主题、文档名称、文档编号、会议主持、与会人员、文档编写、会议日期、抄送部门为必填项。同时允许上传附件，上传附件需录入的信息包括附件名称、附件说明、上传日期、上传人。

2.设计联络单

对设计联络单进行新增、修改、查看及删除操作。

由设备部门执行设计联络单的增加包括文档名称、文档编号、主送部门、抄送部门、签发、审定、审核、经办人、发文时间、接收单位、接收人、接收时间、主要内容以及备注。其中，文档名称、文档编号、主送部门、抄送部门、签发、审定、审核、经办人、发文时间、接收单位、接收人、接收时间、主要内容为必填项。同时允许上传附件，上传附件需录入的信息包括附件名称、附件说明、上传日期、上传人。

3.设备建造报表

对设备建造报表进行新增、修改、查看及删除操作。

由设备部门执行设备建造报表的增加包括文档名称、文档编号、发出部门、发出时间、接收部门、接收时间以及备注。其中，文档名称、文档编号、发出部门、发出时间、接收部门、接收时间为必填项。同时允许上传附件，上传附件需录入的信息包括附件名称、附件说明、上传日期、上传人。

4.出厂验收文档

对出厂验收文档进行新增、修改、查看及删除操作。

由设备部门执行出厂验收文档的增加包括文档名称、文档编号、抄送部门、文档编写、合同编号、现场验收人员、验收日期以及备注。其中，文档名称、文档编号、抄送部门、文档编写、合同编号、现场验收人员、验收日期为必填项。同时允许上传附件，上传附件需录入的信息包括附件名称、附件说明、上传日期、上传人。

5. 到货验收文档

对到货验收文档进行新增、修改、查看及删除操作。

由设备部门执行到货验收文档的增加包括文档名称、文档编号、抄送部门、文档编写、合同编号、现场验收人员、验收日期以及备注。其中，文档名称、文档编号、抄送部门、文档编写、合同编号、现场验收人员、验收日期为必填项。同时允许上传附件，上传附件需录入的信息包括附件名称、附件说明、上传日期、上传人。

6. 开箱检验单

对开箱检验单进行新增、上报、审核、修改、查看及删除操作。

由设备部门执行开箱检验单的增加包括文档名称、文档编号、合同编号、开箱日期、其他说明。其中，文档名称、文档编号、合同编号、开箱日期、其他说明为必填项。同时允许上传附件，上传附件需录入的信息包括附件名称、附件说明、上传日期、上传人。

由设备部门执行开箱检验单的上报，将开箱检验单上报后，该文档就不能进行修改、删除操作。开箱检验单被上报后，审核部门才能对开箱检验单进行审核。

审核部门只能对上报的开箱检验单进行审核。审核的内容包括基本信息（文档名称、文档编号、合同编号、开箱日期、其他说明）和附件（附件名称、附件说明、上传人、上传日期）。审核后，审核人需要录入的信息包括单位、姓名、日期以及备注，其中单位、姓名、日期为必填项目。

各方对审核信息进行查看，可以查看的内容包括审核信息（单位、姓名、日期及备注）、基本信息（文档名称、文档编号、合同编号、开箱日期、其他说明）和附件（附件名称、附件说明、上传人、上传日期）。

7. 竣工验收报验单

对竣工验收报验单进行新增、上报、审核、修改、查看及删除操作。

由设备部门执行竣工验收报验单的增加包括文档名称、文档编号、合同编号、主要内容、备注。其中，文档名称、文档编号、合同编号、主要内容为必填项。同时允许上传附件，上传附件需录入的信息包括附件名称、附件说明、上传日期、上传人。

由设备部门执行竣工验收报验单的上报，将竣工验收报验单上报后，该文档就不能进行修改、删除操作。竣工验收报验单被上报后，审核部门才能对竣工验收报验单进行审核。

审核部门只能对上报的竣工验收报验单进行审核。审核的内容包括基本信息（文档名称、文档编号、合同编号、主要内容、备注）和附件（附件名称、附件说明、上传人、上传日期）。审核后，审核人需要录入的信息包括总监理、日期、办理意见，其中总监理、日期、办理意见为必填项目。

各方对审核信息进行查看，可以查看的内容包括审核信息（总监理、日期、办理意见）、基本信息（文档名称、文档编号、合同编号、主要内容、备注）和附件（附件名称、附件说明、上传人、上传日期）。

8. 质量回访单

对质量回访单进行新增、修改、查看及删除操作。

由设备部门执行质量回访单的增加包括：文档名称、文档编号、合同编号、回访日期、采访单位、受访单位、受访单位意见。其中，文档名称、文档编号、合同编号、回访日期、采访单位、受访单位、受访单位意见为必填项。同时允许上传附件，上传附件需录入的信息包括附件名称、附件说明、上传日期、上传人。

9. 质量保修承诺

对质量保修承诺进行新增、修改、查看及删除操作。

由设备部门执行质量保修承诺的增加包括文档名称、文档编号、合同编号、工程质量保修范围、质量保修承诺、项目负责人、日期以及备注。其中，文档名称、文档编号、合同编号、工程质量保修范围、质量保修承诺、项目负责人、日期为必填项。同时允许上传附件，上传附件需录入的信息包括附件名称、附件说明、上传日期、上传人。

10. 竣工验收（初步）证书

对竣工验收（初步）证书进行新增、上报、审核、修改、查看及删除操作。

由设备部门执行竣工验收（初步）证书的增加包括文档名称、文档编号、合同编号、设备型号数量、验收日期、验收项目的验收主要内容、检查意见、备注。其中，文档名称、文档编号、合同编号、设备型号数量、验收日期、验收项目的验收主要内容、检查意见为必填项。同时允许上传附件，上传附件需录入的信息包括附件名称、附件说明、上传日期、上传人。

由设备部门执行竣工验收（初步）证书的上报，将竣工验收（初步）证书上报后，该文档就不能进行修改、删除操作。竣工验收（初步）证书被上报后，审核部门才能对竣工验收（初步）证书进行审核。

审核部门只能对上报的竣工验收（初步）证书进行审核。审核的内容包括基本信息（文档名称、文档编号、合同编号、设备型号数量、验收日期、验收项目的验收主要内容、检查意见、备注）和附件（附件名称、附件说明、上传人、上传日期）。审核后，审核人需要录入的信息包括项目负责人、日期、办理意见，其中项目负责人、日期、办理意见为必填项目。

各方对审核信息进行查看，可以查看的内容包括审核情况（单位类型、项目负责人、日期、办理意见）、基本信息（文档名称、文档编号、合同编号、设备型号数量、验收日期、验收项目的验收主要内容、检查意见、备注）和附件（附件名称、附件说明、上传人、上传日期）。

11. 最终验收证书

对最终竣工验收证书进行新增、上报、审核、修改、查看及删除操作。

由设备部门执行最终验收证书的增加包括文档名称、文档编号、合同编号、竣工验收日期、质保期、最终竣工日期、验收项目的验收主要内容、检查意见、备注。其中，文档名称、文档编号、合同编号、竣工验收日期、质保期、最终竣工日期、验收项目的验收主要内容、检查意见为必填项。同时允许上传附件，上传附件需录入的信息包括附件名称、附件说明、上传日期、上传人。

由设备部门执行最终验收证书的上报，将最终验收证书上报后，该文档就不能进行修改、删除操作。最终验收证书被上报后，审核部门才能对最终验收证书进行审核。

审核部门只能对上报的最终验收证书进行审核。审核的内容包括基本信息（文档名称、文档编号、合同编号、竣工验收日期、质保期、最终竣工日期、验收项目的验收主要内容、检查意见、备注）和附件（附件名称、附件说明、上传人、上传日期）。审核后，审核人需要录入的信息包括单位类型项目负责人、日期、办理意见，其中单位类型项目负责人、日期、办理意见为必填项目。

各方对审核信息进行查看，可以查看的内容包括审核情况（单位类型、项目负责人、日期、办理意见）、基本信息（文档名称、文档编号、合同编号、竣工验收日期、质保期、最终竣工日期、验收项目的验收主要内容、检查意见、备注）和附件（附件名称、附件说明、上传人、上传日期）。

12. 质量责任书

对质量责任书进行新增、上报、审核、修改、查看及删除操作。

由设备部门执行质量责任书的增加包括文档名称、文档编号、勘察单位、设计单位、监理单位、施工单位、工程名称以及备注。其中，文档名称、文档编号、勘察单位、设计单位、监理单位、施工单位、工程名称为必填项。同时允许上传附件，上传附件需录入的信息包括附件名称、附件说明、上传日期、上传人。

由设备部门执行质量责任书的上报，将质量责任书上报后，该文档就不能进行修改、删除操作。质量责任书被上报后，审核部门才能对质量责任书进行审核。

审核部门只能对上报的质量责任书进行审核。审核的内容包括基本信息（文档名称、文档编号、勘察单位、设计单位、监理单位、施工单位、工程名称以及备注）和附件（附件名称、附件说明、上传人、上传日期）。审核后，审核人需要录入的信息包括姓名、日期、办理意见，其中姓名、日期、办理意见为必填项目。

各方对审核信息进行查看，可以查看的内容包括审核情况（单位类型、项目负责人、日期、办理意见）、基本信息（文档名称、文档编号、勘察单位、设计单位、监理单位、施工单位、工程名称以及备注）和附件（附件名称、附件说明、上传人、上传日期）。

（二）设备土建接口文档管理

设备土建接口文档管理是设备部门对设备土建接口文档进行综合管理的模块。

设备土建接口文档管理模块支持设备部门对设备土建接口文档进行新增、上报、审核、修改、查看以及删除等操作。同时，各方可以对设备文档进行查询。

由设备部门执行设备土建接口文档的增加，一般需要录入的信息包括文档名称、文档编号、发起部门、审核部门、发文时间、收文时间、审核内容以及备注。其中，文档名称、文档编号、发起部门、审核部门、发文时间、收文时间、审核内容为必填项。同时允许上传附件，上传附件需录入的信息包括附件名称、附件说明、上传日期、上传人。

由设备部门执行设备土建接口文档的上报，将设备土建接口文档上报后，该文档就不能进行修改、删除操作。设备土建接口文档被上报后，审核部门才能对设备土建接口文档进行审核。

审核部门只能对上报的设备土建接口文档进行审核。审核的内容包括基本信息（文档名称、文档编号、发起部门、审核部门、发文时间、收文时间、审核内容以及备注）和附件（附件名称、附件说明、上传人、上传日期）。审核后，审核人需要录入的信息包括办理人、日期、是否需要修改、办理意见，其中办理人、日期、是否需要修改为必填项目。各方对审核信息进行查看，可以查看的内容包括审核情况（办理人、办理意见、日期、是否需要修改）、基本信息（文档名称、文档编号、发起部门、审核部门、发文日期、收文日期、审核内容以及备注）和附件（附件名称、附件说明、上传人、上传日期）。

（三）设备文档综合查询

设备部门为了查询设备文档，需要建立相应的模块，即设备文档综合查询模块。用户能够对设备文档进行查询，也能对查询后产生的文档清单进行下载。

九、财务管理子系统

财务管理子系统能够将各种会计数据收集起来，并对这些数据做出相应的处理并存储。用户能通过财务管理子系统来获取与这些会计数据的相关核算信息和管理信息。财务管理子系统可以为企业的财务管理提供相应的帮助，使企业的财务管理能力得到提高，利于企业经济效益的增长。同时，企业也会因此在一定程度上提升管理的质量，促进企业内部各项工作的顺利开展。

财务管理子系统设置有五个功能模块，分别是财务核算、综合查询、期末数据处理、年末财务决算、财务指标分析。

（一）财务核算

1.设定工程项目编码

财务核算模块能够对工程项目编码进行输入和设定，因此也能将工程项目的相关概况信息输入该模块中。在设计财务核算模块时需要对已经有的工程项目和相关编码设计列表视图，这样能够让用户更加方便地对工程项目进行编码。通过列表视图，用户能够对已有编码进行查询，从而明确新增项目的相关编号。用户可以利用财务核算模块输入相应的项目编号，而模块则对该编号进行校验，一旦校验出编号被占用，就会为用户提示输入错误的信息，并且不接受用户输入的数据。

工程项目在设定编码时需要运用相应的工程项目概况信息，如计划总投资、本年投资计划、计划投资到位数、建筑面积、具体开工时间，等等。在进行财务核算时，需要提供工程项目的概况信息，这对年末财务决算、报表输出有着重要的作用。

2. 建立序时账

建立序时账，就是在开始录入记账凭证前，在指定的磁盘目录下建立一个数据库空表，用于存贮当年所有的记账凭证。记账凭证按业务发生时间顺序存储于该表中，可以说它是一个记录全部核算基础数据的表，是财务管理子系统进行自动转账等一系列处理的数据源泉。

3. 录入记账凭证

在录入凭证时，可以采用手动编制，也可以使用上机制证。手动编制需要先对凭证进行手工操作，然后再在计算机上进行输入。不过这种方式缺乏自动性，因此可能会导致手工凭证与计算机内的凭证存在偏差。直接上机制证则不需要手工操作，通过计算机来编制凭证，立刻就能从打印机中输出，不仅避免了手工操作的低效率，而且凭证同计算机中的凭证能够保持高度一致。

（二）综合查询

在所有的项目管理信息系统中，最主要的且必须具备的功能就是查询功能。如果一个系统足够优秀，其查询功能首先应该是非常便利的，而且能够更加直观地为用户提供不同的查询方式，满足用户所提出的查询要求。所以看系统功能是否完备，首先应该从查询功能模块开始检验。

利用信息系统进行财务核算，系统中的各个模块都需要进行查询，这就需要系统提供功能强大的查询功能，帮助用户解决各种复杂的查询要求。不同的模块中所设置的查询针对的都是原始数据，因此为了方便查询，系统将审核处理后的数据单独提供查询界面。一般情况，查询系统会为用户提供凭证查询、明细账查询、总账查询等不同的查询功能。其中，凭证查询是指用户在查询时需要满足的多项凭证需要。只有满足了这些凭证因素的条件，用户才可以凭证查询。

往来款查询也属于建设财务核算中非常重要的一种查询。一般工程款结算时，会计人员和施工单位就会针对来往款的余额进行查证，从而保证双方的结算顺利完成。会计人员会根据来往款的余额对付款的额度进行审批，这样就不会出现付款过多或过少的问题，确保了基建资金的安全性。因为付款的次数是不定的，所以用户会较多地使用来往款查询。

（三）期末数据处理

1.复核记账凭证

编制记账凭证，原本使用一般语言来描述原始凭证中的经济业务，而现在则采用会计语言进行描述，而这个利用复式记账语言描述经济业务的过程就是记账凭证的编制。使用会计语言描述经济业务所产生的结果需要符合会计核算的规范制度，必须经过严格的审核确保准确无误后，才能将其登记到账簿中。复核记账凭证是对计算机中保存的机内凭证所进行的重新审核，应确保其准确性。

对记账凭证进行审核，可能面对不同的凭证编制形式，因此，这种审核可能面对不同的审核内容。如果制证方式为手工制证，再输入计算机，在对凭证进行审核时就需要先审核手工凭证，看手工凭证是否是规范的原始凭证，原始凭证中的经济业务内容是否和记账凭证保持相同，在记账凭证中使用的借贷会计科目是否符合标准、借贷金额是否正确，在记账凭证中填写项目相关内容是否完全、准确，只有审核完全无误后才能在计算机上输入；然后再审核计算机中的凭证，查看机内凭证是否和手工凭证在内容上保持一致。如果制证方式是直接上机制证，由于是直接利用计算机进行制证，不存在手工操作，输入的过程就是在编制记账凭证，因此不存在手工凭证和机内凭证不一致的情况。凭证输入完毕后就会直接打印出来。这样，计算机就自动完成了对凭证项目填列的审核，同时也审核了凭证中关于借贷会计科目和借贷金额的问题。这表明对上机凭证的审核主要在于审核打印输出凭证，看打印的凭证同原始凭证在经济业务的内容上是否保持一致，同时要注意审核所使用的借贷会计科目是否标准、借贷金额是否正确。

在对凭证审核的过程中，一旦发现错误，凭证复核员不能自己完成修改，而是需要将错误信息告知凭证输入员，由凭证输入员完成对信息的修改，这样就能明确分工，避免因责任不清而带来的问题。这样的管理机制有利于会计内控制度的建立。凭证输入员可以对凭证进行制证和修改，却不能完成对凭证的审核；凭证审核员可以审核凭证，却不能对凭证进行制证和修改，二者的职责划分必须明确。

该模块对手工业务可以使用记账凭证月末集中批量复核的审核方式，要注意简化文件的结构，防止文件容量过大。在模块中设计凭证复核视图，可以使当月记账凭证在视图中批量地显示出来，便于复核员对凭证的复核。

复核员对凭证的批量复核只能得到审核全部通过或审核未全部通过的结论。得到结论后，用户提交给模块，而模块会对这样的结果给出相应的处理方法。如果全部通过，操作员会获得相应的权限来处理后续的数据；若未全部通过，操作员则不会获得后续权限。

2. 处理、审核数据

当对凭证审核完毕后，即可将凭证登记入账。可以通过手工操作，需要在月末对凭证进行汇总，再分别登记凭证的明细账和总账，然后对不同的账户余额进行计算，最后将所有的数据填写到相应的月报表中；也可以使用计算机进行处理，计算机能够提升凭证汇总的效率，能够快速完成登记入账。该模块包含处理凭证数据的子进程，可以有效地完成对数据的审核和处理工作，大大缩短了信息处理的时间。该模块可以重新处理"序时账"数据库基本表中的记录，并根据数据库基本表将系统中的明细账、总账、月报表一一更新。数据处理完毕后，操作人员对记账凭证进行输入和修改的权限就会被系统取消，操作人员将失去对记账凭证处理的能力。

会计人员一般会在填月报表前对不同账户存在的问题进行审核，确保其钩稽关系保持平衡，即会计人员要做好账和表的核对。如果实现了钩稽关系的平衡，则表明会计人员所填写的月报表是正确的。对账户钩稽关系平衡的审查可以通过该模块的审核子进程来实现。

3. 数据备份、恢复

操作人员在使用操作系统时，一定要做好对数据的保护，只有具备良好的数据保护意识，才能确保各种数据不会丢失。在电算化环境中，和计算机软硬件相比，数据才是最宝贵的，因为这些数据存储在计算机系统中，很容易因为病毒入侵、硬件损坏或人为问题而被破坏或丢失，给生产、生活带来很大的损失，因此要做好对数据的备份工作。

在该模块中有对数据的备份功能，操作人员可以利用这个功能来备份重要的数据，但要注意减少需要备份文件的数量，以降低系统存储备份文件的空间。一般情况下，操作人员手工记录的数据文件可以备份，而系统自动生成的文件则没有必要备份。通常，会计科目编码表、用户信息表、单位名称编码表、工程项目编码表等都属于需要备份的文件。

4. 年末结算

年末结算是指各级财政之间，在年末清理的基础上，按照预算管理体制及有关规定结清上一年度的款项。在系统中先建立新一年度的序时账、明细账、总账，等等，这些账目都是数据空表。上一年度留有的余额可以直接向相对应的表中导入。

5.设立项目管理子进程

项目管理子进程是为了更便利地实现对基建项目的管理，需要完成对相关财务信息的填报而设立的。该模块设置了财务信息数据的提取功能。项目管理子进程使用者在使用该模块时，能够直接在不同的数据表中将项目管理需要的数据提取出来，由该模块输出相应的电子表格，打印出来后即可直接使用。这项功能可以大大方便会计人员的手动查询，提升工作效率。

（四）年末财务决算

年末财务决算模块是可以对企业全年财务情况进行决算的系统，能够为建设单位年度总结时提供财务决算报表，包含相应的财务资料和会计信息。财务决算报表是一种总结性的书面文件，所包含的财务资料和会计信息主要是日常核算的财务资料，其计量单位为货币。建设单位编制财务决算报表是非常重要的，因为这一报表可以让建设单位掌握基本建设的预算完成情况，也能明确投资计划的进展；上级主管部门则通过该报表对建设单位的投资计划执行状况进行了解和掌握，从而更好地监督建设单位完成建设工作，促进基本建设的顺利开展。

1.建设单位财务决算报表的种类

建设单位财务决算报表主要包含资金平衡表、基建投资表、待摊投资表、基建借款情况表、主要指标表、本年基建投资表，等等。

（1）资金平衡表是主要反映建设单位总体资金的来源和应用情况的总结性文件。通过资金平衡表，能够更直观地查看全部资金的来源和运用情况。

（2）基建投资表是对基建项目从开始到结束投资时所有投资支出情况进行的总结性文件。

（3）待摊投资表主要是对基建单位实际上所需要分摊交付的资产成本费用的反映。

（4）基建借款情况表则对应着基建单位所需要借入、归还等借款的总体情况。

（5）主要指标表概括了基建单位的各项总体指标，如基建计划、基建投资处、资金到位情况，等等。

（6）本年基建投资表包含本年基建单位开展建设项目所进行的投资支出。

2.财务决算报表编报目的

（1）财务决算报表中不同报表所编报的目的是不同的。

资金平衡表的编报目的是通过分析报表中资金来源情况、资金占用情况等，从而判断在基建单位中是否有着不合理的资金构成，也能判断基本建设的投资计划是否得到了有效的执行、资金使用是否达到了应有的效果，从而确保基本建设资金的合理运用，避免铺张浪费。

（2）基建投资表的编报目的是通过该表了解基本建设的预算执行情况，分析建设单位利用投资所带来的具体效果，从而督促建设单位推进建设项目的整体进度，同时要保证节约投资资金，使资金得到更合理的使用。

（3）待摊投资表的编报目的是对待摊投资费用的构成进行分析，从而判断投资效果是否达到预期标准。

（4）基建借款情况表的编报目的是对建设单位的基建借款情况进行分析，从而明确借款的来源，对所执行的还款计划进行考核。

（5）主要指标表的编报目的是利用该表对建设单位的资金来源、资金支出、资金结余等情况进行监督，从而保证建设单位资金预算的合理执行。

（6）本年基建投资表的编报目的是对本年度建设单位所执行的基本建设概算进行考核，监督建设单位对投资资源的合理运用，督促建设单位有秩序地推进建设进度。

3.年末财务决算模块的工作流程

年末财务决算模块的工作流程包含对年末会计数据的接收、对财务决算数据的补充、对决算数据展开生成和审核、对决算报表进行打印和查询、维护决算数据等步骤。

年末财务决算模块在对年末会计数据进行接收时，能够自主对相关数据进行接收并提取其中重要的基础数据，然后把与之相对的财务决算报表中的数据进行更新。

年末财务决算模块能够对财务决算数据进行补充，可以根据工程项目的需求在报表中添加建制结构、建筑层数等财务核算外的其他有关数据。报表的补充录入界面可以设计成填表的模式，根据相应的提示就能完成数据的输入。

年末财务决算模块利用报表的填列方法，能够将报表中的金额、内容等自动计算出来，然后把这些相关数据添加到报表中。子系统结合各报表的钩稽关系来审核决算数据，并向用户通知所得到的审核结果。

年末财务决算模块根据审核后的数据对报表进行打印输出，能够通过打印机直接输出，也可以转换成为 Excel 文件。用户能通过系统进行相关数据的查询。

年末决算模块可以对已经审核后的数据进行维护，如对决算数据文件的备份、清理以前的年度决算数据，等等。

年末决算模块可以有序地执行上述工作流程。

（五）财务指标分析

财务指标分析主要分析基本建设财务决算，可以用来评价建设单位的经济状况和财务状况。对建设单位的财务分析，就是分析建设单位中投资活动与财务情况的矛盾问题，从而采取合理的解决方案，让投资效果变得更加良好。财务指标分析有利于更好地实现对基建资金的管理工作，完成基本建设投资计划，对基建单位的财务计划的完成也有着积极的促进作用。

建设单位开展的财务指标分析主要包含以下几方面的内容。

第一，分析基本建设资金的来源，主要是对执行基本建设的拨款和借款等情况进行分析，并明确借款和建设进度之间是否适应。

第二，分析基本建设是否有序完成投资计划。可以从两个方面来分析建设单位完成基本建设投资计划的情况：对年度基本建设投资计划的分析，对建设项目总投资计划的分析。这两个方面的分析能对了解基本建设投资计划的完成情况起到非常重要的作用。

第三，分析进行基本建设投资活动所带来的效果。进行基本建设投资活动会带来相应的投资效果。对投资效果进行分析，可以发现建设投资活动和建设费用的相互关系，进而对建设单位的工作效率和建设成果进行评价。

第四，分析基本建设结余资金。基本建设结余资金是建设中未被支出的建设投资资金。项目建设想要顺利地进行，必须要保留相应的建设结余资金，而且这部分结余资金要保证充足。

在开展财务指标分析之前，需要对年末财务决算的情况进行确认，只有完全处理完年末财务决算后才可以开展财务指标分析。财务指标分析模块提供了用户进入财务指标分析的界面，通过各财务决算的报表将所需的数据提取出来，形成一个指标分析数据表。在指标分析数据表中，提取出的明细数据是建设单位不同项目的数据。当数据被提取出来后，又出现了修改财务决算数据的情况，这就需要对财务决算数据重新提取，然后再重新生成指标分析数据表。该模块能够对这些数据进行自动汇总，然后利用模块中自带的计算公式进行运算。得出相应的结果后，用户可以将结果打印出来。

第三节　工程项目总控系统

一、工程项目总控思想

工程项目决策者对工程项目实施总体的策划、协调和控制，都是基于信息分析的。工程项目的决策者对实施过程中的信息需求是项目总控思想产生的原因所在。项目总控作为一种运用现代信息技术为大型建设项目工程业主方的最高决策者提供战略性、宏观性和总体性咨询服务的新型组织模式，具有如下特点。

（1）项目总控是一种建设工程管理的组织模式。该模式是为了实现项目的投资、进度、质量等目标而为业主方的最高决策层提供决策支持。项目总控的服务对象是项目的最高决策层。

（2）项目总控的控制核心是信息采集、信息处理、编制各种控制报告，即通过信息处理来反映物质流的状况。

（3）项目总控的中心工作是项目实施的总体策划与控制，对建设过程以及各个建设过程之间的界面的总体策划与控制。

（4）项目总控以项目总控系统为技术支撑，通过项目总控系统的开发，建立项目总控信息平台，实现项目总控目标。

二、工程项目总控系统实例分析——以某地铁建设总控系统为例

地铁建设属于轨道交通工程建设。轨道交通工程建设是一项复杂的系统工程。轨道交通工程建设过程的复杂性决定了传统的项目管理手段和方法已经不能满足业主对此类工程项目管理的需求。从轨道交通建设过程、参与主体、业务领域等方面来看，其建设管理具有以下特点。

（1）轨道交通工程是一项投资规模大、技术难度高、相互间接口复杂、专业性强，以及涉及运营管理、车辆运用、通信信号控制等多个方面的基础设施工程项目。

（2）轨道交通建设项目技术复杂、参与单位众多，因此在工程实施中，业主获取信息和处理信息的难度很大，工程建设面临巨大挑战。

（3）轨道交通工程投资建设周期长，整个过程处在一个动态变化的环境中。业主对工程进度、投资、质量等方面的精准性要求较高。

（4）轨道交通项目建设的参与单位所掌握的工程信息的类型和程度不一致，需要建立统一的信息结构模型，实现各参与单位之间的信息共享。

在轨道交通工程建设管理中，必须加强轨道交通业主对项目的控制能力，在信息采集和处理方面充分满足业主的信息需求，而轨道交通工程建设项目总控正是在这种背景下提出的。

轨道交通工程建设项目总控运用了系统工程思想，在系统分析轨道交通工程建设的特点和要求的基础上，借助现代信息技术，对轨道交通建设运营全过程中的信息进行采集、加工、存储、传输，实现项目参与方之间的互联和信息交互，通过围绕项目投资、进度及质量目标，对项目进行全过程、全方位、全维度的动态管理，为决策层提供决策信息支持，为管理层提供管理解决方案支持。

某地铁建设总控系统支持该地区地铁建设公司领导管理公司各个部门的工作，对当前地铁各项工程的建设运营情况进行总控，为领导提供形象直观的项目管理决策与分析的管理平台，促进项目的决策快速、有效。该总控系统共分为四个模块，包括领导工作台、当前工程概况、GIS空间决策指挥平台和地铁工程三维虚拟平台。

（一）领导工作台

领导工作台模块，总共有三部分内容，其中，待处理事宜部分，可以看到待处理工作的汇总，选择对应的文档类型，可以直接进入文档的审批；工作安排部分，可以看到本周会议安排；统计结果部分，可以查看当前工程的完成情况。

待处理文档的审批：选择对应的待审批文档统计，进入文档审批列表界面，包括文档名称、提审部门等信息；选择列表中各项条目，进入审批界面，可以填写审批意见，查询待审批文档的基本信息和附件。

查询工作安排：选择工作安排部分的会议列表中的对应会议，进入当前会议的详细信息界面，包括会议的日期、时间、地点、主题、发起部门、与会人员和备注等信息。

查看当前工程完成情况：从统计结果列表中，可以看到项目名称、签订合同金额、已支付合同款、本年累计完成投资情况和开工累计完成情况等信息。

（二）当前工程概况

当前工程概况模块用来提供：当前工程完成情况的统计结果，包括项目名称、年度计划、投资预算、各项资金来源、年度计划与资金预算的差额、备注等信息；具体线路的当前完成情况；对应工程项目的各标段当前进度情况列表。当前工程概况具体信息包括该标段下的工程招投标信息、工程设计进度分析、合同支付信息、工程投资信息。

1. 工程招投标信息

对当前线路的招投标情况的分析，在线路名称、状态、招投标项目、概算金额、中标金额、中标时间等条件下输入筛选信息，即可查询到符合条件的招投标信息列表，包括招投标项目名称、状态、概算金额、中标金额和中标时间等信息。

2. 工程设计进度分析

工程设计进度分析提供当前工程的各部分的设计完成情况，用柱状图的形式统计了当前所有主体结构和附属结构设计工作的已完成和未完成的比例，并进行对比；同时设置线路名称、计划完成时间和实际完成时间，输入查询信息条件后，即可查到符合条件的项目设计计划情况列表，包括任务名、"WBS"编码、工作量、计划完成时间和实际完成时间等信息。

3. 合同支付信息

合同支付信息处可以看到当前工程的合同变更金额和合同金额的对比图，以及累计支付金额和剩余支付金额的对比图。在线路名称、合同名称、工程或费用名称、合同金额、合同编号、累计支付金额、累计变更金额、剩余支付金额处填入查询条件，即可查询到符合条件的合同支付列表，包括合同名称、编号、工程或费用名称、合同金额、累计支付金额、累计变更金额、剩余支付金额等信息。

4. 工程投资信息

工程投资信息提供当前年度投资完成情况，以及累计计划投资和完成资金计划的对比分析图。在线路名称和计划时间内输入查询条件，即可查询到符合条件的列表，包括项目序号、名称、本年度计划、本月计划、月计划占年计划的百分比、本月完成百分比，以及主要项目进度的计划值、完成值和累计完成百分比。

（三）GIS空间决策指挥平台

"GIS"空间决策指挥平台支持地铁公司领导对地铁整体情况有一个总体的把握。

提供地铁轨道交通网络图，选择网络图上对应的线路、车站即可查看到对应工程的当前工程情况。

选择对应的工程线路，即可看到地铁工程截止到当天的统计情况，包括当前线路的合同份数、合同总金额、累计支付金额、工程费用、名称列表（包括工程或费用名称、份数、金额、百分比）及相对应的当前线路的分类统计图。

选择对应的标段或车站工程，即可看到该标段下的工程招投标信息、工程设计进度分析、合同支付信息、工程投资信息等具体情况。

选择具体站点则显示该站点的三维模型及其投资、进度情况。

选择线路之后出现的信息包括工程分类统计列表和合同金额分类统计图。

1. 工程分类统计列表

该列表按照工程或费用列表，对合同进行分类汇总。列表内容包括合同的份数、金额和每部分金额所占百分比。

2. 合同金额分类统计图

根据分类统计列表绘制分类统计图，可以直观、清晰地看到各个工程合同金额所占的比重。

（四）地铁工程三维虚拟平台

地铁工程三维虚拟平台支持地铁公司领导对地铁当前形象进度的了解。

选择对应站点名称，即可查询到对应部分的三维形象，可以在三维虚拟空间内行走，观看具体部分的进度。同时，系统需要提供该站点的合同信息、投资完成信息、形象进度信息等，方便领导直观把握当前工作情况，进行运筹决策。

第四节　工程项目信息门户

一、工程项目信息门户及其特征

工程项目信息门户（Project Information Portal，简称 PIP）是在对项目全寿命过程中项目参与各方产生的信息和知识进行集中管理的基础上，为项目参与各方在互联网平台上提供一个获取个性化项目信息的单一入口，从而为项目参与各方提供一个高效率信息交流和共同工作的环境。工程项目信息门户基于项目主题网站和项目外联网两部分，形成了能够完成项目信息管理的应用入口。通过 PIP 能够将信息进行集中化共享和管理，项目参与方利用网络平台从单一的入口进入系统，获取自己所需的项目信息。PIP 所提供的环境是高效的，便于参与方的信息沟通和相互协作。PIP 作为一种基于 Internet 技术标准的、以项目组织为中心的工程项目信息管理与协同工作解决方案，具有开放、协作和个性化等特点，具有广泛的应用前景。

与传统工程项目参与方信息的分散保存和管理不同，基于项目信息门户系统的项目管理具有以下特征。

首先，能够让信息存储和沟通的功能得到增强。PIP 能够将信息进行集中存储，实现了信息的共享，让信息在更广泛的空间内交流，一定程度上降低了信息交流的成本，也让信息在交流时变得更加准确和稳定。

其次，信息的获取性得到了提升。使用者在接受项目信息时不需要受到时间和空间的限制，通过 PIP 就能便捷且快速地获得项目信息，同时，传输信息的媒介也有了相应的变化。

最后，获取项目信息的方式有了全新的变化。PIP 能够将信息集中管理，相应地，信息获取者在处理业务和决策工作时就可以根据自己的需求而获得自己所需的信息，让信息的利用率得到大幅提升，避免了"信息过载"情况的出现，能够让信息获得者更好地做出项目决策。

二、工程项目信息门户系统

通过工程项目信息门户，能够实现信息的跨组织集成，实现不同组织之间的信息共享，实现彼此之间的协同工作，同时网络与项目管理相结合，从而构建起能够实现跨平台信息交互的工程项目信息门户系统。工程项目信息门户系统主要是为了让信息获得集成和共享，便于工程项目参与方之间的交流和沟通，以完成更加高效的协同工作。而且通过工程项目信息门户系统，可以为项目管理提供更加强大的管理功能，确保信息有效交互，对工程项目参与各方工作效率和管理水平的提高都具有重要意义。

（一）基本特点

工程项目信息门户系统具有如下基本特点。

（1）以网络为基础，从而构建出能够交换信息的网络平台。通过这个平台，用户能直接在用户端利用浏览器来访问信息门户系统。如此，各参与方就摆脱了时间和空间的限制，能够通过授权后的用户入口进入系统，以获取自己想要的项目信息。传统的项目管理信息系统的用户只是单一工程的参与单位，而基于互联网的协作型工程项目管理平台的用户是所有工程的参与单位。

（2）与其他应用系统不同，项目信息门户系统的主要功能是项目信息共享和传递，而不是信息的加工和处理，其发展趋势是与项目信息处理系统（如单业务、综合业务等软件）进行集成。

（3）在互联网基础上搭建的协作性工程项目管理平台能够将信息进行集中和共享，从而让各参与方都能够通过门户系统的入口参与其中，使搭建的系统平台更加开放和个性化。参与方在其中获得信息的方式是共享的，还可以展开协同工作，为虚拟项目组织协同工作和知识管理提供有力的支持。

（二）逻辑结构

一个完整的项目信息门户系统的体系结构具备以下逻辑结构，其中每一层都可以通过不同的软件和技术加以实现。

第一，建立一个用互联网传递基础信息的集成平台，能够将各方面的信息进行收集和集成。

第二，构建信息分类编码层，可以将收集和集成来的信息进行分类，并编以不同的编码，以更好地为参与方提供便利的信息服务。

第三，构建信息检索和发布层。这个层面可以提供便捷的信息查询服务。参与方可以利用这个服务窗口来查询和检索信息，同时也能将信息直接发布出去。

第四，建立工作流支持层，能够让参与方在这个层面完成相应的工作流程，如工程变更等项目管理的流程。

第五，建立项目协同工作层，使项目参与方能够以在线交流或线程化讨论的形式进行沟通，从而完成彼此之间的协调工作，如设计阶段各专业工程师的共同设计、设计人员和施工人员的沟通，等等。

第六，建立个性化设置层。通过这个层面，参与方在界面中可以设置自己的个性化角色。

第七，建立数据安全层，为系统平台提供严格的安全保障，既能使用户在登录系统时享受到该层面的保护，又能避免内部的信息受到破坏。

国外的研究将项目信息门户系统的应用列为未来几年工程项目的十大趋势之一。目前在欧美国家，基于网络的项目信息门户系统的建设已经成为工程项目管理领域信息技术应用的热点。

这些公司的产品和服务大多支持项目参与各方的信息交流、项目文档管理、项目各参与方的协同工作、工作流管理。通过项目信息门户系统进行项目信息的交流和管理，可以大幅度压缩搜索信息的时间，提高工作和决策的效率，加快项目实施的速度，降低项目实施的成本，提高项目目标的控制能力，从而使得项目增值。

（三）功能

工程项目信息门户系统具有以下几种功能。

1. 工程项目信息交流功能

这一功能可以让项目的主持方和参与方更好地围绕项目内容进行信息交流。信息交流功能主要包括网络发布项目信息、短信等在线提醒、文档标注和讨论、"BBS"专题讨论区，等等。

2. 工程项目文档管理功能

项目文档管理功能主要是对文档的查询、下载、修改、版本控制，等等。该功能不仅能够完成对普通文档的上传、下载和查询，还能根据用户不同的身份来管理文档读写权限。对文档版本的控制功能主要体现在系统可以结合不同的文档版本对文档信息进行记录，还能记录项目参与方所访问不同版本文档的详细内容。

3. 工程项目协同工作功能

项目协同工作功能主要通过网络会议、远程录像、虚拟现实等技术来实现各参与方的协同工作。比如，虚拟现实技术利用三维立体将图形转换为页面中的虚拟现实构图，使建筑物模型产生三维立体的效果，从而促进相关参与方的协同工作。

4. 工作流管理功能

该功能主要通过流程定义和建模、流程运行控制以及流程与外部的交互来支持项目的工作流程，最大限度地实现工作流程自动化。

第四章　工程项目管理信息化建设与实践

第一节　工程项目管理信息化实施的基础准备

工程项目管理信息化的成功实施，既需要有成熟的软件产品和稳定的硬件运行环境，也需要与先进的计算机工作手段相适应的、科学合理的工程组织结构、管理体系、文化氛围。这是实施工程项目管理信息化的要求。

一、合作共赢的工程项目文化和协调一致的组织氛围

工程项目组织包含了不同项目参与方，它们属于不同的利益主体。这些利益主体在整个工程项目中，彼此之间有着共同的项目目标，但同时又相互存在着一定的矛盾性。实施工程项目管理信息化，需要这些参与方都积极参与其中，实现工程信息化建设，共享内容，彼此信任，共同完成项目建设。在工程项目中，各成员要相互协作，保证项目的利益为先。建设项目文化同企业文化不同，项目文化强调的是项目中各方之间的信任和协作，从而达成项目上的共同利益；而企业文化强调的是一个企业内部的组织氛围，要低于项目文化所包含的内容。

工程项目包含了不同的参与方，其内部要做好项目管理。对工程项目管理实施信息化，这同内部的管理体制、方法等息息相关，同时要综合考虑内部人员的变动情况，从而合理分配相应的人事职责，使现有的管理体制和组织架构有效运作。各业务部门要全力配合，形成组织内部的统一和协调，构建和谐统一的信息化氛围。

二、全员的积极参与和业主的主导作用

在工程项目中，不同参与方的管理人员、技术人员等是工程信息化成果的实际应用对象，因此只有合理协调各个项目成员之间的沟通问题，使项目开展过程中存在的各种问题得到有效解决，才更有利于工程项目管理信息化的持续开展。信息交流并不是单一的一方的持续发送信息，而是需要双方的信息传递，即一方发送信息，另一方要有信息回馈，这样才能使项目信息更容易完成交流，使项目能够顺利开展。工程项目管理信息化需要工程上所有人员参与其中，加强信息交流，让所有人员都在同等的信息化水平下完成工作，这样才能使信息化充分发挥作用，保证工程管理的持续性。工程项目管理信息化建设必须全员参与，合理运用各种管理措施，以保证工程项目的有序进行。

在工程项目中，业主方集成了人力、物资、知识等各方面的资源，对工程项目生产进行总体的组织，对工程项目管理信息化的发展起到了推动作用，因此，业主是实施工程项目管理信息化的关键。业主不仅参与了大部分信息交流的全过程，也是实施工程项目管理信息化的最大受益者，因此，激发业主的积极性是成功实施工程项目管理信息化的主要因素。

三、先进理念下科学的管理工作

工程项目管理信息化只有在合理的管理体制，科学的管理方法，稳定的管理流程，完善的规章制度，完整、准确的原始数据的基础上才能够实现。此外，还要有比较先进的管理理念作为指导，从而在管理工作中不断实现程序化、标准化的管理业务流程，总结的数据也要不断完善和优化。

做好项目管理信息化建设，首先要建立相应的项目管理信息流程，并且信息流程要保持完整性，明确不同项目之间的联系，从而对管理工作的有序互动进行观察；同时，要结合工程项目的实际情况，对信息流程进行不断的优化和调整。

管理业务流程的标准化就是把管理工作中重复出现的业务通过相应的要求进行规范，如管理要求、管理人员的经验，等等，从而制订合理的工作程序和方法，制订标准化的制度，完善管理规则，为管理工作提供指导。

要不断完善数据资料，收集基础数据，将这些数据整理出来并传递到相关部门，做好统一的存储，为数据信息化做准备，还要建立数据管理规范和相关制度，确保数据管理的规范性和标准性。

四、建立统一的数据库平台

当数据标准建立好后，就可以为项目管理提供依托的数据，而这些数据需要相应的数据平台进行存储，因此要建立数据平台，如建筑材料信息平台、新工艺平台、工程造价信息平台，等等。每个行业都需要建立相应的信息数据平台。这个平台可以作为对外的接口，为使用者提供所需的数据和资料。通过平台，也能设定相应的权限，并制订相应的安全控制措施，从而使数据和资料在安全的情况下被授权使用，利于数据和资料的共享。我国的行业数据库建立年限还比较短，设计方、承包方要参加一些重点建设项目，需要提交相应的项目管理信息，还要通过网络递交竣工资料备案，这些都需要符合相应的标准，因此只有适宜信息化的过程，才能让项目管理达到更符合标准的需求，使建设项目能够顺利开展。

第二节　工程项目管理信息化的实施模式

工程项目管理要建立信息化平台，需要结合工程项目的具体情况来实施，因此，其实施模式有自行开发和直接购买或租用服务两种。

一、自行开发

工程项目可结合实际情况自行开发信息化平台，这需要从相应的软件公司聘请专业开发人员以完成信息化平台的开发，主要通过结合工程项目的具体情况来设计和开发信息化管理系统，并担负后期的维护职责。当信息化管理系统被开发出来后，就可以针对项目不同阶段的需求来制订合理的管理规范，而且将系统进行适当改进后，也能在别的项目中使用。不过，自主开发式的信息系统通常需要聘用拥有较高的信息知识储备和开发技术的工作人员。例如，一个水利工程项目投入近千亿，工期长十七年，工程施工强度较大，而且工程类型复杂，不仅跨越不同的地域，而且承包商、材料供应商、设计单位等遍布各地，复杂的环境和气候等都导致该工程的管理工作非常艰巨。因此，在工程开展的最开始阶段，该工程项目的负责企业就应着手建设"工程管理系统（PMS）"，聘用国外公司的开发人员完成对该系统的开发，并架设工程内部的信息系统，完成整个工程的内部通信，这样可有力地促进该工程建设的顺利开展。

二、直接购买或租用服务

除自行开发外，工程项目也可以结合具体的工程项目管理情形直接将市场中已经存在的管理软件购买过来，然后通过内部的开发直接运用于工程的管理中。商品化的管理软件通常具有一定的系统功能，而且兼备别的功能。很多工程项目管理软件都是以计算机网络技术为基础的，能对工程进度进行管控，还能很好地管理工程所用的资源、人员等，对工程项目管理具有一定的便利性。

而且现代网络技术非常发达，通信技术在不断进步，工程项目管理服务也同网络相连接，从而实现了租赁式的工程项目管理信息模式。一些信息服务商将工程管理信息系统开发出来，同网络相连，然后对外授权使用。不同的项目参与方都可以经过信息服务提供商的授权后利用网络连接到该工程管理信息系统中，从而将所需要的各种项目信息存放在该系统内，并通过该系统完成对工程项目的管理。一般，项目参与方都需要租赁这样的工程项目管理信息系统，并需要获得服务授权，其收费标准会结合租赁的时间、项目数、用户数、数据大小等而有浮动。

通常来说，自主开发的工程项目管理模式更符合该工程项目的具体情况，对系统管理的推广更加容易；购买商业管理系统软件往往同工程项目的管理模式有所差异，所需要花费的费用比较高，在推广时也比自主开发的模式要困难。不过商业软件相对成熟，其管理理念也比较先进，因此在使用的过程中能够在一定程度上促进工程项目内部管理水平的提高。

第三节　工程项目管理信息化的发展趋势

工程项目管理有着越来越高的需求，而且其管理理念也在不断向前发展，当前的信息技术发展速度加快，这些因素都在一定程度上推进了项目管理的信息化进程。因此，项目管理信息化正不断朝着专业化、集成化、网络化等趋势发展。

一、专业化趋势

在进行工程项目管理时，其中涉及众多的管理内容，如合同管理、成本管理、资金管理、安全管理、质量管理、人员管理、设备管理、计划管理等多方面，需要专业性的信息管理系统来完成。而专业的软件往往有专业的功能，其针对性更高，同工程项目管理能够更好地结合在一起，有利于更好地完成工程项目的各项管理工作。

二、集成化趋势

在整个建筑工程项目开展的过程中，众多参与方参与其中，如政府单位、监理单位、施工单位、业主，等等，它们是项目工程开展的利害关系者；同时该项目还需要财务管理、施工管理、预算管理等众多部门的参与。因此，在对这些参与方和部门进行管理的时候，必须采取集成化的现场管理，实现统一化的管理部署。采用工程项目管理系统，便于政府机构、工程参与方和部门之间的信息传递，能够实时传输信息，让各参与方交流更加方便，便于协同完成工程项目管理工作。实现工程项目管理信息化，应该实现对工程项目的开发管理、实施管理、运营管理的集成。

三、网络化趋势

实施工程项目，各参与方和部门在整个工程项目中都有着自身的职责，因此其开展的具体内容也会有所不同。想要做好工程项目管理信息化管理建设工作，不仅要结合不同参与方的需求，还要结合各部门的具体职责来搭建相应的信息化平台，以实现现场施工管理、多方信息传输、远程监控等功能。这样的平台可以为不同的主体提供所需要的信息数据，从而让资源信息化。各工程参与方需要按照相应的规程行事，如设计方、承包方在提交招投标、项目管理信息时应符合相应的标准，并通过互联网上传共享；通过网络完成招标、投标等的报价，同时利用网络完成对工程项目信息研究的沟通，并将相应信息进行传递。具体的项目施工，要求承包商、建筑师等利用工程项目管理信息系统对整个施工现场进行实时管理，并完成现场监督，可以采取远程监控，对施工现场的具体施工情况有更直观的了解。而且通过网络，无论是现场施工人员，还是不在现场的各参与方，都能收到工程项目的反馈信息，并且这些数据也能在信息管理系统中被存储起来，为以后工程项目的开展提供依据。

第四节 工程项目管理信息化规划

一、工程项目管理信息化规划概述

工程项目管理信息化规划是指对工程项目管理所需要的信息，从采集、处理、传输到利用所做的全面规划。要想使参与主体之间、主体各部门之间、部门与外单位之间的频繁、复杂的信息交流保持畅通，充分发挥信息资源的作用，必须要进行统一的、全面的规划。

工程项目管理信息化规划是工程项目战略规划的延伸，是工程项目信息化的基础工程。

工程项目管理信息化规划的目标包括以下几方面。

（1）基于先进的管理思想和方法，建立闭环业务操作流程，优化工程管理业务流程。

（2）建立统一的信息平台，以一个统一的标准收集、整理和处理信息，使信息实时、高效地流通。

（3）建立项目决策支持系统，使大量数据的实时收集、分析和应用成为可能，有效地帮助领导者及时做出各项决策和指挥。

（4）支持工程项目全寿命期管理模式，满足项目可持续性发展的需要。

（5）满足工程项目管理模式不断优化的需要。

（6）对工程范围内的所有业务，系统必须能够提供事前的计划及预测，事中的控制和事后的跟踪反馈、分析及评价。

总之，该规划将实现对工程项目管理信息及时、准确的收集和反馈，可为领导提供科学的决策依据，使工程计划的准确性和适应性加强，使工程项目生产效率提高。

二、工程项目管理信息化规划的原则及内容

（一）工程项目管理信息化规划的原则

在工程项目管理信息化规划的制订上，将遵循以下原则。

（1）一致性。信息化规划应当是工程项目战略的有机组成部分。在制订工程项目管理信息化规划时，应始终坚持工程项目管理信息化规划和工

程项目战略之间协调、一致的原则。

（2）系统性。工程项目管理信息化规划应正确规划工程项目管理所需要的应用系统，确定各应用系统之间的界限和联系，尤其要关注在不同阶段实施的应用系统之间的衔接关系。

（3）整体性。工程项目管理信息系统是一个有机的整体，因此，在制订规划时，应考虑各个组织对信息系统的需求，尤其不要忽略关键业务组织的需求。

（4）扩展性。工程项目管理信息系统不是一次性的、一成不变的，应当随着信息技术的发展以及工程内外部环境的变化做出相应的调整；需要对信息系统自身所具备的拓展性进行考虑，要在规划时合理增加或减少子系统，保证整个信息系统的顺畅运行。

（5）做好现有资源的保护工作，使其得到有效运用。在开展规划时，需要购买很多网络设备，同时要开发或购买一些软件或硬件，其中有大量的数据和信息能够得到有效运用，因此，其使用价值在工程项目管理信息化规划中得到了发掘。为避免这些信息资源的浪费，应尽可能将这些资源集成到新的信息系统中。

（6）集成性。在制订工程项目管理信息化规划时，应该将其集成性作为重点内容，保持信息的集成才能使信息系统更好地运转，一定要保证规划的完整性，这样才能让工程项目管理信息化规划更好地执行。

（7）实用性。工程项目管理信息化规划的制订，需要确保其实用性，还要具有技术的先进性。不过不能一味追求先进性而忽视技术的实用性，同样也不能因循守旧而忘记创新。开展工程项目管理信息化规划，就是为了不断提升工程项目管理的效益，因此要保证所开发的信息系统的实用性。

（二）工程项目管理信息化规划的内容

（1）工程项目目标规划。应明确工程项目总体目标、阶段目标；具体分析工程项目实施的工作重点，分析实现各个阶段目标的措施。

（2）工程项目管理模式分析。在总体目标的指引下，明确工程项目管理组织结构中各个层级的定位和权责，并将整个工程项目的总体价值作为根本出发点，分别做好对质量管理、设备管理、资金管理、合同管理、进度管理、人员管理等各个管理模式的处理，对当前工程项目中所留有的问题进行发掘和解决，让信息系统能够更好地发挥其管理作用，使管理模式得到不断优化和改善。

（3）信息系统总体需求分析。分析工程项目组织架构的信息特点，提出系统地管理和利用工程信息是最好的解决途径，明确信息系统基本架构，具体分析系统各个层级部分的功能要求。

（4）建设方信息化现状分析。对建设方硬件系统应用现状、软件系统应用现状进行分析，提出现有系统处理意见，分列信息化建设中存在的问题，有针对性地提出改进建议方案。

（5）建设方信息化实施战略分析。对建设方的信息化系统建设战略、信息化人力资源战略、网络及硬件建设战略、信息化制度建设战略、信息化文化建设战略等进行分析，并分析其阶段目标。

（6）信息系统总体架构设计。明确系统设计原则，提出系统功能结构图及说明，包括系统树形图、系统整体架构图、系统结构功能表，等等；提出系统运行模式，完成系统总体架构设计。

（7）信息系统建设投资估算。基于上述分析，明确信息系统投资构成，根据方案提出信息系统建设投资估算表，并进行分析。

三、工程项目管理信息化规划的实施

（一）工程项目管理信息化规划实施计划

为了有效地推进、实施规划，必须制订工程项目管理信息化规划实施计划。实施计划的典型模式包括以下三种。

（1）整体规划，一次完成。全面覆盖主流程，辅助管理流程，扩展信息系统。

（2）整体规划，重点突破。整体规划后，从重点部分着手，如材料采购和成本控制，然后是其他部分，最后完成扩展部分；或先在某个部门进行试点，然后是其他部门，最后完成扩展部分。

（3）整体规划，先易后难。先从整体进行规划，接着在某个或几个易实施模块实行，然后是其他部分，最后完成扩展部分。

工程项目管理的信息化需求，是会随着时间的推移发生变化的，因此在制订工程项目管理信息化规划实施计划时，也要充分考虑这一点。

工程项目管理信息化规划实施计划一般应包括实施阶段及目标、实施计划时间表以及关键工作的详细说明。

工程项目管理信息化规划的工作程序显示了信息化建设的工作内容和工作步骤。

（二）工程项目管理信息化规划实施组织保障

对工程项目管理信息化的规划，需要对整个项目进行信息化的管理，要求能够在最合理的范围内将各种物资、人力、设备等组织起来，并根据相应的管理策略达到工程项目规划的目标，这样就能够在有限的时间和空间内实现合理的组织管理，从而建立起组织保障体系。

工程项目管理信息化规划既要对阶段性进行考虑，也要确保在实施信息化的过程中，能够让各位成员以全职的形式参与其中。等完成信息化建设后，每位成员再从这个项目返回各自的机构后，既能保证系统继续有效地运行，也能为系统后期的维护提供帮助。一般在组建机构时，可以采用矩阵式的模式，最上层可以设置一个决策机构，为工程项目的开展制订重大决策；下设各个执行机构，根据决策机构的策略来完成各项任务，使信息化项目能够按照规划的模式开展，达成策略目标。

工程项目管理信息化规划的具体实施情况应先对该工程项目的信息化组织结构进行明确划分，同时将其内部各机构的主要职责进行分工；为了确保公平公正，促进工程项目各机构做好本职工作，还要设立监督机构，并明确监督机构在整个项目中的重要职能和地位。监督机构自身应该具有以下特性。

首先，监督机构应该具备权威性和独立性。监督机构为了开展工作，必然要具有强大的权威性，这样才能更好地对各部门和人员进行监督，并将监督的结果向决策委员会申报。无论是项目管理人员还是具体的实施人员，都要接受监督机构的监督。监督机构还要具有独立性，这样在开展监督工作时才能不受其他部门的影响，因而具有公平性。将监督机构从实施机构中分离出来，监督人员不用从事具体的实施工作，只是从事监督工作，因此，具体的实施任务不用分配给监督人员。如果咨询公司为工程项目提供具体的实施服务，那么其中的工作人员就不能作为外部顾问参与工程项目的监督工作。

其次，监督机构中的工作人员应具备足够的工作经验和工作技能，他们要在项目管理和交流等方面有着出众的能力，这样在实施监督时才能更加有效。监督人员开展监督工作，应该采用不同的方式对具体项目的实施情况进行了解，深入基层跟实施人员进行接触和交流，然后对实施人员上报的各项计划、报告等进行查阅和分析，最后判断实施工作的完成质量。监督人员还要对信息系统的可靠性进行判断，审查系统中的各项数据和信息内容，分析这些数据是否准确，避免因数据错误而带来工作实施上的风险问题。监督人员虽然不会被分配具体的实施任务，但也应该参与到项目实施的过程中，这有利于监督人员更多地了解项目的实施内容、更好地开展监督工作。

最后，监督人员开展监督工作，需要具有综合性的知识。监督人员需要具备专业的监督能力，同时其所具备的知识也要具有综合性和广泛性。监督人员要具备建筑行业、信息技术行业的相关知识，同时要懂得计算机系统的相关理论，也要对管理和经营的知识具有一定的了解。

（三）工程项目管理信息化规划实施风险分析

开展工程项目，实施工程项目管理信息化，具有一定的风险性，因为众多的因素都能对信息化建设产生影响，如信息系统的选型、解决方案的选择、信息系统的预案和实施，等等，其中有着各类的风险存在。为了更好地应对风险，应该制订相应的风险管理体制，确保在出现风险时能够有效应对，使工程项目管理信息化建设顺利开展。

（1）"纯理念化"风险。工程项目管理信息化规划实施过程中，存在着各种先进的管理理念，而对这些理念不能强制转移，需要为其营造适宜存在的空间，如建设搭建软件和硬件的系统。同样也不能对计算机软件用户化过多依赖，二次开发也应适度开展。不能只看重表面的先进性，还要使工作人员能够真正接受先进的理念，这样才能在实际应用阶段很好地发掘管理理念所带来的有效性；如果不能真正接受，各种数据、制度管理就难以到位，很容易形成"纯理念化"的管理理念风险，这样的理念就难以在项目管理中得到运行和发展，可能会造成各种投入成本的浪费。因此，要防范"纯理念化"风险，尽量做好前期的咨询和培训，让先进的管理理念能够在后续的工作实施中得到贯彻；同时，在开发系统软件功能时要保留余地，为后续的工程管理需要提供空间，对具体的实施流程进行优化，让项目管理能够更加顺畅地开展。

（2）"目标侵蚀"风险。在工程项目管理中进行信息化规划，就是为了让工程项目的管理水平得到有效提高，只不过这样的提高并不是量化的。在实际的软件运用上，通常会为了保证各方利益的均衡，而对原有的目标进行相应的降低，这样就让预期项目目标因外界因素的侵蚀而下降，从而形成了"目标侵蚀"风险。一个工程项目的开展，需要维持原有的工程目标，不能受到外界因素的侵蚀，这样才能确保工程项目的顺利进行。为了避免"目标侵蚀"风险的出现，应该为工程项目制订总目标和分目标，一旦系统实施后就要对其开展评估，不能只追求表面的进度，而应将项目目标作为工程项目管理信息化规划实施的重点，即使在利益方面存在一定的冲突，在大方向上也要坚持原有的目标和原则，不能放弃大原则，在这样的情况下尽量保证各方利益的均衡。

（3）片面选型风险。在工程项目管理中实施信息化，需要结合项目管理的具体需求，同时要明确信息系统所具有的功能，从而制订合理的实施计划。在信息系统的选择上不能过于追求功能的全面性，同时不能选择价格低廉的系统软件，否则会存在片面选型的风险。一定要杜绝这种片面选型的风险，尽量保证系统的实用性和可靠性，根据工程项目的具体需求来选择，不能只顾一时的成本，而要考虑未来时段的成本，还要考虑承包商的综合实力，包括售后服务水平以及可靠性保障，等等。

（4）人力资源缺乏风险。信息系统的采购、开发，以及信息系统的实施应用，需要建设方有一支分别具备计算机技术领域背景和项目管理领域背景的专业人员队伍，它们是保障实施成功的重要支撑。建设方应该聘请专业的咨询公司提供人力资源管理服务，因为专业的咨询公司中有着资深的管理顾问和技术顾问，能很好地解决这方面的问题；同时，建设方也要对管理人员和业务人员进行培训，培训他们的业务能力，培养他们形成良好的管理理念。

（5）业务中断风险。工程项目管理信息化的建设，一般来说需要一个较长的周期，需要相关多方人员的有效参与，但在这个周期内随时有可能会做出一些工作业务流程的调整，这就有可能带来业务中断风险，可能会出现人员因为长时间工作而疲劳的情况，或者出现因为效果较小而让使用者对此产生抵触的情况等。因此，在整体的项目实施过程中，需要避免这些负面情况的发生，否则会为业务流程带来严重的干扰，这必然不利于建设方的项目开展。因此，要对这种业务中断风险进行防范，建设方需要聘请专业咨询公司，利用其丰富的管理经验尽量降低可能因风险所带来的各种损失；做好详细的信息化项目实施计划。在长时间的项目实施过程中，进行项目管理和控制，确保整个实施过程能够按预计的目标进行，这对项目的成败至关重要。

（6）成本失控风险。信息化建设的投入很大，所以成本控制非常重要。但由于建设过程中的一些不确定因素，如工作业务流程的不稳定等会导致成本失控风险的发生。建设成本一般有软硬件费用、培训费用、维护费用、咨询费用等。其中，咨询费用的成本普遍较高，往往是软件费用的1.5~2倍。因此，企业在咨询公司合作时，应寻找专业的咨询顾问，做好相关咨询，制订出便于信息化实施的合理方案，从而让企业的管理模式更加明确。在对成本进行预算时，也要将可能出现的各种情况考虑清楚，让制订的成本计划更加可靠，同时要为了控制成本而制订相应的计划，避免铺张浪费。

四、工程项目管理信息化规划的技术成果

（一）职能域划分

职能域是展示工程业务活动的领域，而不是简单地照搬照抄机构部门的组成结构。划分后的职能域应该具有较强的稳定性，能够实现可靠的管理业务职能，所以不能随意变动。工程建设划分出职能域后，能够将信息资源的范围规划出来，有利于研制业务过程模型。对于职能域的界定，需要澄清以下问题。

第一，什么是工程建设的目标？

第二，在制订预计工程项目管理目标的过程中，管理目标是否会产生变化？

第三，工程项目管理目标在职能域中，还会发生变化吗？

第四，职能域能否将所有机构部门的功能包括在内？

对职能域的命名和相关职能进行描述，这就是界定职能域的工作内容。

（二）业务过程建模

为了更精确地划分职能域中的业务功能，需要对其进行业务流程分析，这也被称为"业务梳理"。对职能域业务功能的梳理可以划分业务功能结构，"职能域—业务过程—业务活动"等层次，从而形成了业务模型。业务过程或业务流程在职能域中是一系列的业务活动的联结，业务活动也是职能域最小的功能单元，不能再继续分解。对业务流程进行分析工作具有如下特征。

第一，能够形成一些可以辨识的结果，如形成想法或决策、提供一次服务、销售出一件产品，等等。这些活动的结构都可以用简单的句子进行表述。

第二，可以形成一定的时空界限。在相应的时间和空间内，一个活动中谁在工作、谁没有工作，等等。一个活动具有起始时间和终结时间，还能够超出预定的时间，这都代表着活动的时间性。

第三，要对能够执行的单元进行明确。可执行单元是单个人或小组参加活动后所形成的结构，需要规定在活动中的管理职责。对于活动要明确其参加的定义，也要明确哪些人能够去执行、去做什么样的工作，如果这些都不明确，那么参加活动的人就难以相互协调，更不能做好配合工作，导致活动达不成预期的目标。因此，工作的参与者要明确执行单元，形成一个整体，这样才能使项目绩效有所提升。

（三）用户视图分析

用户视图是结合在一起的数据。用户对这些数据所表达的看法、单证、报

表等都属于用户视图。为了更好地实现网络化电子数据传输，不再使用纸质报表传递，可以对职能域中的所有用户视图进行统一登记，并用编码标记出来。一些比较重要的用户视图则应该采用规范的表述进行记录。

（四）数据流分析

流动的用户视图就是数据流。对数据流进行分析，可以采用以下几个步骤。

第一，可以将职能域中的数据流进行划分，并根据数据流绘制数据流图，可分为一级数据流图和二级数据流图。

第二，绘制完数据流图后，对数据流图中的用户视图进行标注和登记，并确保用户视图的规范性。

第三，综合运用数据流图的绘制和对用户视图的标记与登记，对这些用户视图展开分析，然后对数据流进行分析，得出合理的数据报告。

（五）系统功能建模

系统功能模型的建立，能够有效地将信息系统要"做什么"的问题进行解决。对业务进行梳理分析，能够建立起"职能域—业务过程—业务活动"的业务模型。这种模型可以实现计算机对业务进行管理。不过，并不是所有的业务都能够形成计算机化的管理。通过分析发现：计算机能够自动完成对一部分业务活动的管理，有些业务活动则是在人机交互的管理模式下完成的，还有一部分业务活动只能由人工处理才能完成。

挑选出能够利用人机交互处理和计算机自主处理的业务活动，将这部分业务活动组织成系统功能模型，可包含"子系统—功能模块—程序模块"等部分。

业务模型和功能模型所对应的关系如下所示。

业务模型：职能域—业务过程—业务活动。

功能模型：子系统—功能模块—程序模块。

所构建的系统功能模型的功能主要有：第一，能够了解管理机制层面的相关意见，从而掌握管理模式的工作成果；第二，业务领导对职能域进行复查，同时定义业务过程，还能够同规划分析人员一起对功能需求文档进行规范，而规划分析人员则在这个基础上研究计算机化，从而分析出能够实现业务活动由计算机自主完成或人机交互完成的不同模块；第三，对一些已经开发出来的程序模块进行选择，使其被应用到系统中；第四，对其他系统中的模块进行借鉴，如供应商介绍、应用软件分析等；第五，对不同的功能模块进行识别和定义，最后设计出完整的系统功能模型，其中包含不同的功能模块、程序模块和子系统。

需要着重说明的是，功能建模拟订的子系统是"逻辑子系统"（面向规划、设计人员），而不是"物理子系统"（面向最终用户）。许多计算机应用系统都是按当前的组织机构和业务流程设计的，"系统"或"子系统"名目繁多。不能变动机构或管理，所以需要重新对计算机的应用系统进行修改。如果一直不改变工程管理的目标，就会保持原有的职能域，因此所涉及的业务过程和数据分析都可以使用原有的功能模块和程序模块，所建立的系统功能模型也会一直保持适应性，能够完成对机构的管理任务。"逻辑子系统"在功能模块和程序模块中属于宏观上把控信息系统功能的分类，在开发时应尽量利用主体数据库的机制，做好对模块的重新开发，并且建设相应的类库，所组建的"物理子系统"也更加符合用户对象的需求。当机构部门出现变化时，只要重新组装模块或部件，而不用重新开发系统，这有利于保持管理变化和应用系统的稳定性，让二者保持应有的平衡。

（六）系统数据建模

规范了用户视图，也分析了数据流，此时可以综合不同职能域的信息需求，从而构建起包含全域的概念数据模型。构建概念数据模型的方式：以管理知识和经验作为基础，利用对数据流分析后的结构，对各类业务主题进行分析和识别，然后确定数据库名称，并描述不同主题的内容，将所有主题包含的属性罗列出来。构建全域概念数据模型，需要将整体的信息框架搭建起来，然后划分不同的主题数据库，并明确由哪些子系统来构成，而且要对子系统中的逻辑数据模型进行细化，以更好地完成后期的维护和使用。

每个概念主题数据库都可将其细化，并由此制订基本表，列出数据库中的属性和主题，有利于根据数据库设计来实现对数据库的建立。

主题数据库的基本特征主要包含以下四个方面。

第一，面向业务主题建库。主题数据库主要是针对业务主题，可以存储业务主题的有关数据。在企业中的业务主题数据库中包含的内容主要是客户、产品、供应商、员工、资料、订货，等等。数据库中的产品、客户等部分主要是根据单证、报表等数据项所设计的，因此其建立不能以单证、报表等为原样开展。主题数据库要联系企业管理中相关的问题，并且要能够有所解决，所关联的项目并不是常见的计算机项目。

第二，可以将信息数据向所有的部门共享。由于主题数据库否定了系统数据库的自建和自用，而是要求将所有的系统实现共建共用，所搭建的数据库也要进行共享。因此，在利用计算机程序对主题数据库进行调用时，可以实现共享，即不同的系统都可以调用主题数据库，如库存管理能够对零部件数据库、产品数据库进行调用，采购能够对供应商、零部件等数据库进行调用。

第三，系统能够一次性将源数据输入，而且所存储的位置为一处数据库。主题数据库在对政府或企业等数据进行分析时，需要就地采集数据，然后就地完成对数据的处理和存储，在存储时应集中处理。一个数据在进入系统时要保持一次和一处，这样才能使数据具有完整性和准确性，而通过网络—计算机—数据库系统完成存储后，其使用则是可以多次和多处的。

第四，每个主题数据库可以包含一个或多个基本表。在主题数据库的结构中，应根据规范来构建基本表，以数据库中的数据实体构成基本表，因此，主题数据库中的基本表通常是多个。基本表具有原子性、演绎性、规范性等特点。

原子性是指基本表中以数据元素作为数据项，而数据元素不能继续分解，是最小的信息单元；演绎性是指基本表中的数据能够根据生产需求通过计算机处理又形成输出数据；规范性是指基本表中的数据要符合三范式需求，其数据结构应该科学、正确，而且能够被快速存取。

（七）系统体系结构建模

信息系统体系结构主要是由系统数据模型和功能模型之间相互关联所形成的结构。这种结构利用"C–U"矩阵表示。建立系统体系结构模型能够完成对共享数据库的创建，还可以分析数据的分布，并确保系统开发计划的有序开展。

在系统体系结构模型的构成上，可以划分为全域系统体系结构模型和子系统体系结构模型两类。

全域系统体系结构模型指在整个规划范围中，主题数据库同各个子系统相互关联，用全域"C–U"矩阵来表示。在这个矩阵中，子系统用"行"来表示，主题数据库则用"列"来表示，行与列相互交叉用"C"来表达，可以表示该行子系统生成了该列的主题数据库，需要对这个主题数据库进行建设，并对其后续运行进行维护；同样的，行与列相互交叉用"U"来表达，则表示该行子系统对该列主题数据库的运用，能够对主题数据库中的信息进行读取；而该行子系统对该行使用列的数据库既能生成也能运用，就用"A"来表示。

子系统体系结构模型主要表示子系统中包含的程序模块同内部基本表的关

联，可以用子系统"C-U"矩阵来表示。在这个子系统"C-U"矩阵中，子系统程序模块用"行"来表示，基本表则用"列"来表示。在矩阵中行与列相互交叉时，子系统所在行模块能够生成所在列的基本表，就用"C"来表达，表示该模块能够创建基本表，同时对基本表的运行进行维护；子系统所在行模块如果对所在列基本表进行使用，则用"U"来表达，这表示该模块能够对基本表的信息进行读取；当子系统的程序模块能够生成列的基本表，有恒对该基本表进行调用，则用"A"来表示。

第五节　工程项目管理信息化建设的标准化

一、工程项目管理信息化建设标准化的意义

在工程项目管理的信息化建设中，需要完成标准化工作，这是一项基础性的工程项目内容，对信息系统的开发和运用都起到了重要的影响。在全国建设项目的开展过程中，无论是对数据进行交换还是对资源进行共享，都需要建立标准体系，这能够加强高质量的信息化建设，有利于促进信息化建设的有序开展，从而保证高效的数据传输和运用。为此，必须要实现标准化的工程项目管理信息化建设，而且要建立相应的标准体系，对推广信息化建设具有积极意义。

（一）标准化适应了经济全球化的需要

世界经济一体化的进程正不断加快，市场面临着越来越多的竞争，各个企业都希望在市场中占据一席之地，这就要求企业不断提升自己的产品和服务优势，而信息系统的标准化在其中起到了关键性的作用。为适应国家对外开放形势并满足国内外信息交换的需要，信息化建设必须要考虑标准化问题。

（二）标准化有利于避免低水平重复开发

工程项目管理信息化建设需要建立相应的标准，如信息系统标准、数据和信息的标准、应用软件的标准等，只有加强信息化建设的标准化工作，才能更好地提升信息系统和相关软件的重用性，能够防止开发系统或软件的重复性，有利于企业信息化建设的发展，更能推进行业信息化进程。

（三）标准化有利于信息的共建与共享

开发信息资源需要持续发展信息技术，因此在开展信息化建设过程中，如果没有制订统一的信息化标准，就会造成不同的信息系统之间存在较大的差异性，在实现信息传递和共享时会存在很大的制约，而且对信息的采集和输入也难以实现重复性，对信息资源的运用可能会造成严重影响。为此，在开展工程项目管理信息化建设时，应该制订相应的标准和规则，从而更有效地实现对信息资源的开发和利用，确保工程项目管理信息的共建和共享。

（四）标准化有利于提高应用系统开发质量

信息技术的不断发展，促使信息系统的规模也在持续扩大，一定程度上对信息系统和信息软件的开发也起到了推动作用。以往开发信息系统和软件时采用的是手工作坊的模式，而如今则采用了集体协作的开发模式。在这样的开发模式下，需要建立统一的规范标准，否则将给信息系统和相关专业应用软件的可靠性与易维护性带来巨大的负面影响。

可见，标准化在工程项目管理信息化建设中起到了关键性的作用，因为工程项目管理信息化建设就是为了对工程建设中不同主体之间存在信息通信和业务协作时产生不协调的问题进行有效解决，但如果没有建立相应的标准，各主体之间存在着一定的组织壁垒，在进行信息资源共享时就会因为这些壁垒而形成阻碍，不利于主体之间完成共享信息和业务协作，对工程项目管理的效率会产生严重影响。为此，建立相应的标准化是非常有必要的，能够为项目的成功提供保障。

二、工程项目管理信息化建设标准体系

在工程项目管理信息化建设标准化的工作中，需要建立相应的标准体系。这是按照一定范围标准所建立的具有内在联系的科学有机整体，需要遵守相应的标准。

在标准化中，标准体系的作用是非常重要的。标准体系包含体系编制说明、体系框架和体系表等内容。标准体系表是标准体系中将标准按照相应的形式排列的图表，能够直观地将标准体系中的结构表现出来。

（一）工程项目管理信息化标准体系结构

工程项目管理信息化的标准体系需要结合相应的标准化系统方法论来搭建总体框图，其中包含标准内容、标准层次、专业门类三方面。其中，标准内

容可以划分为管理标准、技术标准、信息标准等部分；标准层次划分为基础标准、通用标准、专用标准等部分；专业门类则划分为业务层标准、管理层标准、项目管理标准、数据中心标准等部分。

首先，基础标准是其他标准的基础，而且要符合相应的专业范围，这样才能进行普遍运用。一些符号、术语、图形、基本原则、基本分类等有着广泛的指导意义，这些都属于基础标准。

其次，通用标准是一些共用性的标准，其覆盖面较大。在制订专用标准时，需要把通用标准作为依据。通常，施工要求、通用设计方法、通用管理技术等都属于通用标准。

最后，专用标准是专门为具体标准化对象而制订的标准。这些标准有很小的覆盖面，因此只针对专门的标准对象，有些则是通用标准的补充。

（二）工程项目管理信息化标准体系表

基础标准的标准体系如表 4-1 所示。

表 4-1　基础标准的标准体系表

体系编码	标准名称
1.1.1	术语标准
1.1.1.1	工程项目管理信息化基本术语标准
1.1.1.2	数据库术语汇编工程项目管理信息技术应用基本术语标准
1.1.2	文本图形符号标准
1.1.2.1	工程项目管理信息系统文本图形符号统一标准
1.1.2.2	工程项目管理电子文档统一标准
1.1.3	信息分类编码标准
1.1.3.1	工程项目管理信息分类与编码标准
1.1.3.2	工程项目管理信息化领域应用数据分类与编码标准
1.1.3.3	工程项目管理信息化领域技术经济指标分类与编码标准

通用标准的标准体系如表4-2所示。

表4-2 通用标准的标准体系表

体系编码	标准名称
1.2.1	应用信息数据通用标准
1.2.1.1	工程项目管理信息化元数据标准
1.2.1.2	工程项目管理信息化基础数据标准规范
1.2.1.3	工程项目管理信息化平台数据通用标准
1.2.1.4	工程项目管理信息化数据库工程技术规范
1.2.1.5	工程项目管理信息化数据仓库系统技术规范
1.2.2	信息交换及服务通用标准
1.2.2.1	工程项目管理信息化数据交换统一标准
1.2.2.2	工程项目生命周期信息模型标准
1.2.2.3	工程项目集成管理信息模型标准
1.2.2.4	工程项目管理数据中心技术规范
1.2.3	软件工程通用标准
1.2.3.1	工程项目管理信息化领域计算机软件工程技术规范
1.2.3.2	工程项目管理信息化领域计算机应用软件测评通用规范
1.2.4	信息系统工程通用标准
1.2.4.1	工程项目管理信息化领域信息化系统工程技术规范
1.2.4.2	工程项目管理信息化领域计算机应用系统信息互联通用接口标准
1.2.5	工程项目管理信息化信息系统平台开发通用标准
1.2.5.1	工程项目管理信息化信息系统平台开发指南
1.2.5.2	工程项目管理信息化信息系统文档编制和管理规范
1.2.5.3	工程项目管理信息化信息系统建设项目监理规范

专用标准的标准体系如表4-3所示。

表4-3 专用标准的标准体系表

体系编码	标准名称
1.3.1	应用系统专用标准
1.3.1.1	建筑工程协同施工信息系统技术规范
1.3.1.2	建筑工程监理信息系统技术规范
1.3.1.3	建筑工程现场视频监控技术规范
1.3.1.4	建筑工程质量管理系统技术规范
1.3.1.5	建筑工程现场安全与卫生管理标准

三、工程项目管理信息化标准建设的基础

我国工程项目管理信息化标准体系的建设需要在借鉴国际上相关标准体系的基础上，充分考虑我国工程项目管理信息化建设的需求特点，本着重点突出、稳步推进的原则来逐步展开。目前，可供借鉴的国内外信息化标准体系如表4-4所示。

表4-4 国内外信息化标准体系表

标准名称及代码	标准类型	标准简述
STEP	国际标准	"STEP" 是 "Standard for Exchange of Product Model Data"的简称，它是关于产品数据表达和交换的国际标准。"ISO"（International Organization for Standardization）国际标准化组织为了支持产品设计信息的共享，开展了该项目。"STEP"的发展提供了一个产品数据技术的范例，它可以支持生成一个集成的信息模型来描述产品生命周期内所需的所有信息。"STEP"正式名称为"1SO10303"，发布于20世纪80年代中期，其目的是满足工业发展的需要，使产品数据独立于任何具体的计算机应用背景中

标准名称及代码	标准类型	标准简述
IFC	国际标准	"IFC"是"Industry Foundation Classes"的简称，由国际协同工作联盟 lAI（International Alliance for Interoperability）制定。"IFC"是国际建筑业事实上的工程数据交换标准，已被接受为国际标准"ISO"，作为近年来兴起的国际标准。"IFC"标准是面向对象的三维建筑产品数据标准，短短几年中，其在建筑规划、建筑设计、工程施工、建筑电子政务等领域获得了广泛应用。比如，新加坡政府的电子审图系统，就是"IFC"标准在建筑电子政务领域最好的应用案例。借助这个系统，所有的建筑设计方案都要以电子方式递交政府审查。政府将规范的强制性要求编成检查条件，以电子方式自动进行规范符合性检查，并能够标示出违反规范的具体部位和原因。新加坡政府要求所有软件都要输出符合"IFC2X"标准的数据，而检查程序只需识别符合"FC2X"的数据，无须人工干预即可自动完成审图任务。随着技术的进步和应用的推广，类似的建筑电子政务项目会越来越多，而"IFC"标准则将扮演越来越重要的角色
《电子信息系统机房设计规范》（GB50174—2008）	中国国标	电子信息系统机房是数据中心的旧称呼。该规范的目的是在电子信息系统机房的工程设计中，贯彻国家的相关法律法规和技术经济政策，以确保电子信息系统设备安全、稳定、可靠地运行，保障机房内的工作人员身心健康。该规范适用于陆地上新建、改建和扩建的电子信息系统机房的工程设计，由中华人民共和国住房和城乡建设部通过，于2009年6月1日起实施
《电子信息系统机房施工及验收规范》（GB50462—2008）	中国国标	该规范是依据《电子信息系统机房设计规范》（GB50174—2008）编制完成的编制该规范的目的是保证各类电子信息系统机房工程的施工质量，提高施工技术水平，统一施工及验收要求。该规范适用于陆地上（含地下与岛屿）新建、改建和扩建的电子信息系统机房工程的施工及验收，不适用于海上（船载）、空中（机载）、陆地上的移动工具（车载）中的电子信息系统机房
《电子信息系统机房工程设计与安装》设计图集—国标（09DX009）	中国国标	该标准适用于新建、改建、扩建建筑物中电子信息系统机房的设计、施工和检测。主要内容包括：根据国家标准《电子信息系统机房设计规范》（GB50174—2008），编制了电子信息系统机房的分级、分区、设备布置；机房提供配电系统和接地系统的设计；电磁屏蔽室的通风、机房布线、监控、火灾报警系统及灭火系统的设置；机房建筑、结构、空调和给水排水专业的要求与做法；机房工程示例等，图集以电器专业为主，涉及建筑、空调等专业的专项设计，确保电子信息系统安全、稳定地运行

标准名称及代码	标准类型	标准简述
《数据中心通信设施标准》（TIA-942）	美国通信行业协会标准	美国国家标准学会"ANSI"于 2005 年批准颁布了《数据中心通信设施标准》。该标准由美国电信产业协会和"TIA"技术工程委员会编制。该标准的用途是为设计和安装数据中心或机房提供要求和指导方针，主要服务于需要对数据中心全面理解，包括设计计划编制、电缆系统和网络设计的设计师。该标准将使数据中心设计在建筑设计过程早期被充分考虑，通过提供各专业设计成果借鉴，保证数据中心建设能够从预先计划好的、支持计算机系统升级的基础设施中获益

第五章　信息化规划与顶层设计

第一节　信息化的建设

信息化建设是指建设单位为广泛运用现代信息技术，深入开发和利用信息资源，提升经营、服务、管理、决策能力和水平而实施的一系列信息化投资项目，包括信息化技能培训、信息化咨询、信息化规划与设计、信息工程项目及信息系统开发应用，等等。

由于信息技术高速发展、日新月异、更新换代很快，信息系统和信息工程项目的有效使用时间有限，经过一段时间就有可能被新的技术和新的应用需求替代，完成其历史使命。我们把一个信息系统或信息工程项目从立项、设计、实施、使用、废止的全过程称为一个信息系统或信息工程项目的生命周期，而信息化建设的生命周期则是指一个信息化建设单位在一个信息化规划期内信息化建设的全过程。

一个完整的信息化建设生命周期，一般至少需要 3 ～ 5 年时间，共分五个阶段：信息化规划、信息化顶层设计、信息化实施、信息工程项目（系统）运行管理、信息工程项目绩效评价。由于每个阶段的特点和任务都不同，建设单位实施信息化的过程应该根据不同的发展阶段采用不同的策略。

一、信息化规划

信息化规划是对实现建设单位业务战略目标在信息化方向上的保障，回答"干什么"的问题，是业务导向，重点是要明确本期信息化周期的目标和任务。信息化规划工作一般由具有专业资质的咨询设计公司或者建设单位内部信息化专业人员完成。规划方案完成后应该邀请相关专家进行评审、论证并通过建设单位领导者的认同。

二、信息化顶层设计

信息化顶层设计是在信息化规划和实施之间搭建的一座桥梁，设计出实现"愿景"的蓝图与路线图，是按照总体规划要求开展的技术设计。规划提出"干什么"的问题，而顶层设计回答"怎么干"的问题。顶层设计的理论方法主要采用起源于西方的企业架构方法论"EA"（Enterprise Architecture）。目前，国际主流厂商和政府部门普遍采用的是"TOGAF"（The Open Group Architecture Framework，开放组织体系结构框架）以及"FEAF"（Federal Enterprise Architecture Framework，美国联邦企业架构框架）架构标准。我国政府和行业根据自身实际情况往往会结合这两个标准进行裁剪和调整，内容包括业务、应用、信息资源、基础设施、信息技术五个层面，以及运维、安全、标准、管理制度四套保障体系，从九个方面提出信息化建设总体框架，同时将规划中的任务以信息化项目的形式进行分解。将来每个项目的实施应符合总体架构设计要求。区别于传统系统的软硬件及数据的紧耦合设计方法，智能化时代为了满足系统开放、灵活、计算高性能需求，应坚持分层、紧耦合标准化服务的设计原则。

三、信息化实施

顶层设计相当于是对信息化战略实现的规划，而到了实施阶段，应严格按照设计要求做好阶段性项目的交付管理。目前，普遍采用的项目实施管理方法主要有五个过程和九大知识域。项目实施管理的五个过程包括启动过程、计划过程、实施过程、过程控制、收尾过程；九大领域包括范围管理、时间管理、成本管理、质量管理、风险管理、人力资源管理、沟通管理、采购管理及系统管理的方法与工具。项目经理要全面掌握这九个核心领域的知识，并重点把握系统管理的观念，避免纠结于某个细节，注意在五个不同阶段的重点。质量、时间、成本是项目管理的三个约束条件，因此要在三者之间寻找到一个合适的平衡点，过度偏向任何一方，都将对项目预期效果带来偏差。严格控制项目过程，能够有效降低项目建设失败的风险。

四、信息工程项目（系统）运行管理

信息工程项目（系统）运行管理是指项目竣工验收后，运营期间的运行管理，主要包括技术运维和运营两部分。技术运维一般由计算机技术人员对系统软、硬件以及数据进行常态化的监控、故障处理、性能优化，保障系统的正常化运行。技术运维应从被动应对向主动发现转化。目前，参照的运维服务标准主要包括"ISO20000"（信息技术服务管理体系标准）、"ISO27001"（信息安全管理）、"ITSS"（信息技术服务标准），等等。系统运营主要对系统产品进行用户推广使用，支撑业务运转和商务服务，支持海量数据分析和决策指挥，对标信息化规划设计目标和任务要求，最大限度地支撑建设单位业务战略目标的实现。

五、信息工程项目绩效评价

信息工程项目绩效评价是指对信息工程项目决策、准备、实施、竣工和运营全过程进行评价的活动。信息工程项目绩效评价的主要内容包括：回顾项目实施的全过程、分析项目的绩效和影响、评价项目的目标实现程度、总结经验教训并提出对策建议，等等。信息工程项目建设不但要有建设标准，还要有评价标准。过去，我国政府及行业信息化建设一直缺乏相应的评估标准；现在，国家越来越重视项目后期的评估和审计。2016年12月，国家发改委、国家信标委、中央网信办联合发布了信息化建设项目评价标准，并于2019年3月发布了修订版。国家各行业主管部门目前也纷纷制定了相关行业的信息化建设评价标准。这些标准的出台为我国信息化建设的有序发展指明了方向。

以上五个阶段的主要任务和解决的主要问题各不相同，五个阶段相辅相成，构成一个完整的信息化建设生命周期闭环，缺一不可。一个生命周期结束后，进入下一个信息化建设生命周期，形成持续螺旋上升的状态。大多数地方政府及行业主管部门在实际的信息化建设中，因为各种原因，往往出现多个环节的缺失或者只偏重建设环节而忽视其他环节的现象，从而造成各种乱象，不利于构建良好的信息化生态环境。

第二节　信息化的规划

一、信息化规划的整体描述

信息化发展规划是建设单位未来信息化建设的基本纲领和总体指向，其重点提出了"IT"战略目标和主要任务，以及实施步骤和运行管理体系，并进行简要的建设效益分析，用于全面系统地指导建设单位信息化的建设。

信息化规划编制基本过程可分为需求分析、总体规划、实施规划三个过程，三项活动还包含相应的子过程，而这些子过程应针对上一项活动的输出内容进行检验并反馈。

（一）需求分析

需求分析包括现状调研、现状评估、业务流程梳理等活动。此过程通过对建设单位发展战略与业务目标进行分析，对建设单位现状进行调研，对信息化支撑情况进行评估，梳理出建设单位主体的信息化建设需求。

（二）总体规划

总体规划包括信息化发展战略制订、信息化系统规划、信息化治理模式规划、应用系统规划等主要内容。该过程是在需求分析基础上，确定信息化建设的指导思想、基本原则、建设目标等内容，识别信息化重点建设任务，初步提出信息化建设业务架构。

（三）实施规划

实施规划包括确定信息化实施建设单位架构、制订工作进度计划、设定工作重要节点里程碑、投资估算等主要内容。实施规划过程是在前期阶段输出成果的基础上，依据重点建设任务，初步识别重点工程，并估算实施周期、成本效益等，设计重点工程的建设运营模式、实施阶段计划和风险保障措施，确保信息化建设顺利推进。

二、信息化规划不同阶段的主要任务

（一）环境分析

环境分析是对建设单位外在的宏观环境、行业环境、发展机会、自身情况

等进行合理分析，如分析建设单位所处的行业领域的特点、当前发展的现状，行业领域中信息技术所起到的作用等；同时，要对建设单位所掌握的信息技术情况进行分析，如其发展前景和发展方向等；也要对竞争对手所掌握的信息技术情况进行了解和分析，明确对方所掌握的信息技术的种类、功能、使用范围等。

（二）建设单位战略分析

信息化战略是为建设单位战略目标的实现而服务的。在对建设单位进行信息化规划之前，首先要明确建设单位的发展目标、业务发展战略和发展需求。明确建设单位的总目标，也要让各单位和部门对自身的工作任务进行总结。建设单位要定位好自身的发展方向，制订可靠的发展策略，从而提升自身的产业实力和优化产品结构，不断提高自身在市场中的核心竞争力。建设单位也要分析信息技术在运用过程中同不同要素之间的关联性，以更好地驱动信息技术的使用，实现自身建设策略同信息技术的有机融合，推进建设单位信息化发展。

（三）建设单位现状分析评估

分析建设单位的现状，做好建设单位的评估，需要对建设单位的业务和IT能力等进行分析。分析建设单位的业务能力，首先要了解建设单位当前的管理模式和业务运行模式，从而分析建设单位业务活动对其战略决策的实现所产生的相应作用，明确业务能力在建设单位制订战略目标中能够发挥的关键因素，从而发现问题和寻找有效的解决方法。分析建设单位信息化现状，主要是对建设单位所拥有的信息化资源（如网络、数据库、应用系统等）的综合分析，从而评价建设单位在未来信息领域中所具有的发展潜力，评估其信息化发展能力。

（四）业务流程分析与优化

以前面三个步骤为基础，对其中存在的不合理的流程进行分析，并将这些流程优化，从而让建设单位的战略目标同环境相适应，以更好地实现战略目标，让建设单位在市场中的竞争力得到提升。在信息系统同业务流程相互之间能够有机融合在一起后，将可以促进建设单位的信息化建设，从而促进业务的发展，这对建设单位的信息化投入有着巨大的回报。

（五）信息化需求分析

在建设单位对自身现状进行评估后，同时分析了相关的信息战略，最后总结了当前建设单位的业务模式和业务流程，并对此进行相应的创新和改革，从而让单位的信息化建设更加流畅，这就是建设单位的信息化需求分析。对于信息化需求，应该做好对系统基础设施的建设，搭建网络平台和应用系统，并确保数据库信息安全。

（六）信息化战略制订

结合信息化的环境、业务等需求，建设单位要对信息化纲领进行制订，使其符合建设单位的需求。信息化建设要符合成本的适度性，规模也要符合规范。首先，结合建设单位信息化战略的要求对建设单位自身的信息化使命进行确定，使建设单位的战略目标转化为 IT 战略目标，定义建设单位信息化的发展方向和信息化在实现建设单位战略目标过程中应起的作用。其次，研究并提出建设单位信息化的指导思想和基本原则。为加强信息化能力而提出的基本准则和指导性的方针，是有效完成信息化使命的保证。最后，为了实现远景目标和使命，要将建设单位信息化战略目标进行任务分解。

（七）建设单位业务架构规划

依据建设单位信息化战略定位和目标以及内外部环境等条件，分析建设单位的业务需求、业务提供方、业务服务对象、业务服务渠道等多方面因素，从建设单位的职能、业务、流程等维度进行层层细化与分解，梳理、构建形成建设单位的业务架构。

（八）信息化项目分解

在前期阶段成果的基础上，依据建设单位信息化建设任务，分析完成建设任务需要的资源投入，将每个信息化建设任务分解成为相互关联、互相支撑的若干重点工程，确定每一个工程的属性范围、目标任务，等等。

（九）实施信息化规划

针对每个重点工程，按重要性排列优先顺序，并根据结果做出初步取舍，形成目标规划。明确工程阶段建设目标、实施周期、成本效益、资金筹措，等等，设计各工程项目的建设运营模式、实施阶段计划和风险保障措施，确保信息化建设顺利推进。

（十）保障措施

建设单位保障方面应针对其架构、决策主体、责任主体、监管主体和考核主体等方面提供意见和建议；以"加强统筹、集约建设、资源共享、流程优化"为目标，明确建设管控思路；针对网络设备、系统应用、网络信息安全等方面，提供运行维护措施。政策保障方面应针对相关法律法规、政策文件和标准规范的建立和完善提供指导与建议。人才保障方面应针对信息化发展目标和建设内容，提供人才保障方面的建议。资金保障方面应针对相关建设内容，提出资金保障方面的建议。

三、信息化规划的要点及注意事项

（一）规划导向

应按照目标导向、问题导向和需求导向展开，确定发展方向、建设目标、任务分解与实施路径等内容，并区分需求和目标的轻重缓急。建设单位信息化是为建设单位战略目标实现服务的，必须明确建设单位的发展目标、发展战略和发展需求，确定信息技术应用的驱动因素，使信息化与建设单位战略实现融合。

（二）环境分析

对建设单位所处的环境进行分析是信息化规划必不可少的内容，也是规划的依据，包括分析区域（行业）的发展现状、特点、动力、方向，信息技术在行业发展中所起的作用，以及分析信息技术本身的发展现状、发展特点和发展方向。

（三）现状分析

对建设单位的现状分析与评估应从两个方面着手：建设单位的业务能力现状和建设单位的 IT 能力现状。业务能力现状分析与评估用于揭示建设单位现状和建设单位远景之间的差距，确定关键问题，探讨改进方法。信息化现状分析与评估是诊断建设单位信息化的当前状况，有利于提高建设单位未来发展的适应能力。

（四）需求分析

需求分析是在现有环境中能够实现建设单位战略目标，并使建设单位获得竞争力的关键业务驱动力及关键业务流程，进一步优化、改革、创新不合理、效率低、与建设单位战略目标不符的流程及环节，使信息技术和这些直接创造价值的关键业务融合，同时应考虑企业、政府、居民等多元主体的实际需求。

（五）确定战略

应在建设单位战略分析和现状评估的基础上，按照改革创新和优化流程的业务运作模式，制订适应建设单位未来发展的信息化发展战略，明确建设单位信息化建设的远景目标和建设原则。在整个过程中要层层分解 IT 目标和费用预算，让 IT 目标对应相应的费用和资源。

（六）确定目标

总体目标和分项目标应与建设单位自身的信息化发展设想相一致，应是明确的、可衡量的、可实现的，并且应具有明确的时限，应根据实际建设情况对阶段目标实时进行调整。

（七）确定项目

根据建设单位信息化建设的愿景目标，从整体上分析弥补差距所需要的行动，确定信息化工作的一系列重点任务，将整个信息化过程分解成相互关联、互相支撑的若干个信息化项目，以全面系统地指导建设单位信息化的建设。

（八）创新机制

应重点围绕跨部门、跨领域、跨层级的资源统筹、数据共享、业务协同，从体制机制和技术应用两方面进行创新。

（九）领导重视

建设单位领导者必须根据单位的发展战略和目标高度重视信息化规划和顶层设计，从头到尾都要亲自过问、亲自指导，甚至亲自制订总体规划，直至规划结束，而不能只由 IT 人员对信息化规划流程进行掌控。

（十）可实施性

信息化规划要具有前瞻性和可操作性。规划应该明确技术现状和方向，保证一定程度上业务模式与 IT 系统的融合，使 IT 系统能够长期支持业务模式的变化和调整。

（十一）提高认识

研究制订信息化发展规划的过程中，建设单位不宜过分强调或明确我要干什么、我要做什么，而应该客观地、实事求是地说明在发展的过程中遇到的困惑、需要解决的问题、期望的目标。希望研究制订规划的承担单位以其自身在这方面的知识和技术以及对建设单位的了解与认知，首先解决建设单位为什么要信息化、怎样信息化、信息化与发展战略关系的认识问题，然后再开始真正意义的信息化发展规划的研究制订工作。避免先入为主，使信息化规划的承担单位为迎合建设单位而在规划中过度夸大信息化的作用，回避信息化可能遇到的困难和问题。更有一些系统集成商、软件开发商为了争取信息化项目，采取免费帮助建设单位制订规划的做法，这样的规划不可避免地会含有一定的商业利益。

（十二）规划更新

设置规划更新的条件。信息化规划是一个不断调整和持续改进的过程。业务在不断变化，技术也在不断发展，作为融合 IT 和业务的发展规划自然也需要不断地调整和变化，因此需要明确当前有哪些情况发生或哪些界限被打破，弹性和主动地修改信息化发展规划。

（十三）风险评估

对信息化发展规划的实施风险进行分析，并指出如何规避各类风险，提高信息化发展规划的成功保障程度。在信息化发展规划中，存在各类可预期的和不可预期的风险，这些都会影响到信息化发展规划的成功实施。

四、信息化规划的主要方法和工具

（一）调研

调研是项目启动后最为关键的一个环节，是使信息化项目得以顺利进行的前提，是深入了解用户业务情况、发现建设单位各种问题和潜在项目风险的有效途径。唯有通过细致、扎实的调研工作，才能为用户提供切合实际、可执行、可落地的解决方案。

1. 调研步骤

（1）调研准备。调研准备的目标是制订切实可行的调研方案与计划，为调研顺利有效实施奠定基础。开始调研之前，项目组通常应向建设单位发送一份详细的调研计划和调研提纲，说明本次调研的目标、内容，以及人员、时间安排，以便建设单位协调相关资源，做好充分的准备工作。调研准备主要包括确定调研范围、组建调研团队、确定调研方案、编制调研计划、与用户进行前期沟通，等等。

（2）调研实施。调研实施是按调研计划执行调研方案的过程，目标是获取并确认用户需求，为调研分析总结提供依据。调研中，项目组成员应有明确的分工，主导某一部分业务的调研，其他人则在访谈或现场走访中予以补充。为了保证调研工作的有效性，调研当天的记录必须当日整理完毕，并且要梳理出调研内容中需要重点关注的问题和没有明确的问题，以备补充调研时了解清楚。调研内容主要包括记录需求、引导需求、评估需求，并向用户确认需求。

（3）调研总结。调研总结是对调研过程中获取的信息进行归类整理，并形成调研报告的过程，目的是为现状评估及需求分析提供依据。

2.调研的注意事项

（1）未雨绸缪，充分准备。调研过程充满着变数，需要提前做好备案，在意外状况发生时，依据备案本着更好完成业务调研的目的进行灵活调整。

（2）换位思考，问对问题。向用户提出问题的时候，应先进行换位思考，针对该问题，如果是你该怎么回答？如果连你也觉得不好回答时，就需要换个问法，让用户听懂调研人员的话，并对话题感兴趣，以便能让用户完整、清晰、准确地将自己的意思表述出来。

（3）找准能正确回答问题的人。调研中既有很多细小的操作级别的问题，也有很多关乎全局的问题。不同的问题需要问不同的人，一定要搞清楚什么问题去问什么人。对于操作细节上的问题，一定要去问那些负责操作的人员，因为他们会更清楚，而对于关乎全局的问题，一定要去问管理级别的人员和高层领导。

3.调研的主要方法及工具

（1）主要调研方法

①用户访谈。用户访谈是调研中最基本的一种方法，适合针对具有代表性、特殊或重要的用户。用户访谈的形式包括结构化和非结构化两种。结构化用户访谈是指事先准备好一系列问题，有针对地进行访谈。而非结构化用户访谈则是只列出一个粗略的想法，根据访谈的具体情况现场发挥。建议结合这两种方法进行调研。

②用户调查。通过精心设计问题，然后下发到用户手里，让他们填写答案。该方法可有效克服由于关键人员时间有限，不易安排过多时间，用户面较广，不可能一一访谈的问题。

③现场观摩。主要针对一些较复杂、较难理解的业务流程及业务操作而言，较难用言语表达清楚的，可采用该方法来获取结果。

④文档考古。对于一些数据流程比较复杂，工作表单较多，有时难以通过说或观察来了解需求细节的，可采用该方法对已经填写完毕的、带有数据的文

件、表单、报告进行研究，从中获得所需的信息。

⑤联合讨论会。通过联合各个关键客户代表、分析人员、开发团队代表一起，通过会议来讨论需求。会议参加人数通常为 6 ～ 18 人，会议时间在 1 ～ 4 小时之间。该方法相对来说成本较高，对一些具有歧义的问题和需求不清晰的领域十分有效。该方法的难点在于会议的组织，要做到言之有物、气氛开放，要起到群策群力的效果。

（2）主要调研工具

主要调研工具包括调研计划模板和访谈记录模板，如表 5-1 和表 5-2 所示。

表 5-1　调研计划模板

项目名称				项目经理	
调研目的	简述本次调研的目的、预期目标				
调研对象	列明本次调研涉及的对象部门及人员				
调研时间	指明本次调研的开始时间和结束时间				
调研方式	指明本次调研所要采用的方式，常见方式包括访谈法、原型演示、调研会、问卷等方式				
调研要求	列明本次调研所需的时间、资源（会议室、电源、网络、投影仪等）及需协调的事宜等				
调研步骤	阐述本次调研的主要步骤				
调研计划安排					
职能部门	人员资格要求	时间	地点	调研内容	记录人
调研的业务部门	调研涉及的人员应具备的资格条件	调研时间安排	调研地点	调研的具体内容	负责记录、整理调研内容的人员

表5-2 访谈记录模板

访谈日期		访谈地点	
访谈岗位		访谈对象	
访谈问题		访谈结果	
问题1（事先准备好）		问题1访谈结果记录	
问题2（事先准备好）		问题2访谈结果记录	
问题3（事先准备好）		问题3访谈结果记录	
……		……	
访谈对象签字		确认时间	

（二）现状评估

现状评估的目的是通过对建设单位现状的分析与评价，总结经验教训，发现差距与不足，确定关键问题，探讨改进方法。

1. 建设单位现状评估

建设单位现状评估应从建设单位的业务能力现状和IT能力现状两个方面进行评估。

（1）业务能力现状评估

信息化的价值在于支持业务战略实现、支撑建设单位管理、促进流程优化，因此，信息化的需求来自战略、管理和流程三个方面。业务能力现状评估主要是对建设单位业务与管理活动的特征、建设单位各项业务活动的运作模式、业务活动对建设单位战略目标实现的作用进行分析，揭示现状与建设单位远景目标之间的差距，找出关键问题，探讨改进方法。业务能力现状评估方法步骤如下。

① 确定业务发展战略目标。通过与业务高层领导交流、访谈，了解目前业务发展所面临的困难与挑战，明晰业务发展战略目标。业务战略和管理模式对信息化的要求，决定了信息化建设的方向、阶段和应用系统总体架构及部署方式，满足IT战略规划的需要。

② 价值链环节的业务活动分析。通过对现有业务流程的分析以及与业务部门的讨论，将建设单位主要的业务活动对应到相关的价值链环节上，形成业务

架构图，以明确关键业务流程。

③ 业务能力分析。基于关键业务活动分析业务现状和业务目标之间存在的差距（从决策层、管理层、操作层分别进行分析），欲达到目标必须提升现有的业务能力，从而构成业务能力需求，表现为政策制度、物资设备、专业人员、实施技术、管理方法、业务模式、业务流程及销售渠道，等等。有些可通过信息化手段予以解决，例如，实施技术、管理方式，都与信息化关系密切。通过业务能力需求的分析，得出潜在的信息化需求。这些潜在的需求与用户直接提出的信息化需求是存在差异的。潜在的信息化需求着眼于未来，内容和范围一般大于现实需求。

④ 国内外业务活动差异对比分析。将建设单位业务活动与国内外同类建设单位的业务活动进行比较，对存在差异的业务活动进行分析，挖掘隐含的信息化需求。

（2）IT 能力现状评估

IT 能力现状评估主要从 IT 治理、数据、应用、基础设施和信息安全五个角度分析信息化对建设单位未来发展的适应能力，结合信息技术发展趋势及最佳实践参考以发现差距与不足，探讨改进方法。IT 能力现状评估步骤如下。

① 信息技术治理评估：从信息化部门职能建设、信息化部门人员、信息技术标准方面、服务运维管理方面进行现状评估。

② 数据资源评估：从数据采集、数据存储、数据共享及数据应用等方面进行现状评估。

③ 应用系统评估：从应用系统对业务活动的覆盖广度、应用系统对业务活动的支持深度和应用系统间的协同程度等方面进行评估。总结经验教训，发现应用系统方面存在的差距与不足，探讨相应的改进方法。

④ 基础设施评估：从计算机网络、数据和网络中心、基础应用和软硬件设备等方面进行现状评估。

⑤ 信息安全评估：从信息安全管理、信息安全体系和信息安全项目建设方面进行现状评估。

2.评估原则

要根据行业最佳实践案例和技术发展趋势，总结行业业务与信息化发展规律，为业务目标及远景展望提供基础和依据。

准确理解和把握业务战略，通过 IT 完成业务战略的实现。发现能够实现建设单位战略目标并使建设单位获得竞争力的关键业务驱动力以及关键流程，

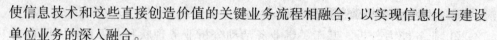

使信息技术和这些直接创造价值的关键业务流程相融合，以实现信息化与建设单位业务的深入融合。

3. 主要评估方法及工具

（1）主要评估方法

①对标分析法。对标分析法是指分析和研究信息技术与国内外信息化建设的最佳实践案例，以获取启示和经验，并与信息化现状进行对比分析，寻找差距，发现问题和不足，明确改进方向。

②能力推导法。一方面是分析业务战略，基于战略目标的层层分解，获得各业务目标，通过各业务目标与业务现状的对比，获得支持业务的能力需求，进而推导出业务对信息化能力的潜在需求。另一方面对比行业和信息技术发展趋势，可得出未来满足业务发展的信息化潜在需求。最终目标是保证信息化与业务发展目标的一致性。

③业务覆盖分析法。基于业务架构分析结果，对各个业务活动流程，分析信息化覆盖的广度（指信息技术在建设单位各个部门、有关领域及业务工作中普及应用的程度，即普及率）和深度（指通过信息技术完成的业务占建设单位总业务量的百分比，即覆盖率），从中提炼出业务对信息化的潜在需求。

（2）主要评估工具

主要评估工具包括主要业务活动分析模板和信息化对业务支撑程度分析模板，如表5-3～表5-6所示。

表5-3　主要业务活动分析模板

业务领域	主要业务活动组成		
	操作层	管理层	决策层
××业务			

表5-4 信息化对业务支撑程度分析模板

业务领域	主要业务活动	信息化支持程度	备注
××业务	决策层		
	管理层		
	操作层		

说明：信息化支持程度分为完全支持、部分支持、不支持。

表5-5 信息化能力需求分析模板

业务领域	现状与问题	业务目标	能力需求	信息化能力需求
××业务	决策层			
	管理层			
	操作层			

表5-6 信息化现状分析模板

大类	细类	存在的问题	应对策略
××大类			

（三）需求分析

信息化需求可归纳为宏观需求和微观需求两个层次。宏观需求主要来源于对标分析及信息化能力推导分析结果（即有助于业务目标实现的潜在信息化需求）；微观需求主要来源于当前信息化对业务覆盖程度分析结果及收集的直接信息化需求。

1.需求分析步骤

需求分析就是提炼、分析和仔细审查已经收集到的需求，进行规格化，以确保参与需求分析的所有相关人员都明白其含义并找出其中的错误、遗漏或其他不足的地方。需求分析步骤如下。

（1）需求整理。整理收集获取到的所有用户需求，并进行归类汇总。

（2）需求定义。对归类汇总的需求进行分析研究，获得对该领域特性及存在于其中需要解决问题的透彻理解，剔除重复的、不符合业务目标的需求，提炼出各业务领域的共性和个性的信息化需求，进行清晰定义。

（3）需求规格化，即将需求文档化，形成需求分析报告。

2.需求分析原则

需求分析的关键在于对问题的研究与理解，要能清晰、准确、完整、规范地描述用户需求，确保所有涉及的人员都明白其含义。

3.需求分析的主要方法及工具

（1）需求分析的主要方法

①结构化分析法。利用数据流图进行自上而下的分析，直至整个需求被清晰地描述出来，以有利于人们理解问题，并对问题进行分析。其特点是把各部分看作一个过程的集合体，包括由人完成的和由电脑完成的。

②面向对象分析法。利用面向对象的概念和方法指导需求分析，通过分析各对象的属性及对象之间的交互关系，来清晰地描述用户的需求。其特点是把各部分看成一个相互影响的对象集。

（2）需求分析的主要工具

需求分析的主要工具如表5-7和表5-8所示。

表5-7　需求归类汇总模板

类别	提出单位	需求描述
基础设施类		
数据建设类		

表 5-8　信息化直接需求分析模板

大类	细类	需求汇总与分析	对策或建议
数据建设	历史数据建设	需求汇总： …… 需求分析： ……	
	数据正常化	需求汇总： …… 需求分析： ……	

说明：通过调研对用户提出的直接信息化需求进行分析。

4.系统规划

建设单位信息化现状与建设愿景之间的差距构成了改进机会，由此可规划设计对应的信息化建设项目。系统规划就是通过规划设计一系列信息化建设项目来获得相应的信息化能力，以实现建设愿景。所有信息化建设项目则形成建设单位信息化建设项目框架体系，目的是通过一种系统性、条理化且简单明了、易于理解的方式，使业务人员和技术人员建立对未来总体信息化建设的共同理解。

（1）系统规划步骤

① 分析信息化能力改进需求。通过分析建设单位信息化现状与建设愿景之间的差距所构成的改进机会，每个改进机会都可转化为一系列改进措施，形成建设单位信息化能力改进的任务。

② 信息化建设项目框架体系。根据信息化能力改进任务，通过归类分析可规划设计对应的信息化建设项目，进而设计形成建设单位信息化建设项目框架体系。

③ 项目设计。根据项目框架体系，明确每一个信息化建设项目的目标、范围、功能和任务，以完成信息化建设项目设计。

（2）规划要点及注意事项

规划项目体系要完整。体系框架要全面支撑建设单位业务战略实施和主营业务发展，不能有重大缺失。

规划项目界面要清晰。各项目之间要尽量减少业务和功能的交叉与重复。

规划项目名称要规范。项目命名要准确定位项目目标，符合行业通用称谓。

（3）规划的主要方法

在对现状和未来趋势的客观判断、对基础条件科学分析、对需求正确把握的基础上，确定未来信息化的建设任务，规划设计相应的信息化建设项目，对每个项目要明确项目目标、项目内容、项目建设单位范围、项目参与方、项目实施条件、项目资源需求等内容。

5.投资估算

投资估算是在对项目的建设规模、技术方案、设备方案、工程方案及项目实施进度等初步研究并基本确定的基础上，估算建设项目投入的总资金，并测算建设期内分年度资金的需要量。

（1）投资估算步骤

① 确定投资估算范围

信息化建设项目投资主要包括工程费用、其他费用和不可预见费用三个组成部分。

a.工程费用包括硬件费用、软件费用、系统研发费用和内部支持单位费用。

其中，硬件费用主要包括计算机、服务器、存储、网络设备等硬件设备的购置费用；软件费用主要包括专业软件产品购置、许可证、服务购置等费用；系统研发费用主要包括应用软件的研发费用，根据测算的月工作量进行估算；内部支持单位费用范围包括内部支持单位人员费用、差旅费用、上交单位管理费，等等。

b.其他费用包括会议费和培训费用。会议费指项目建设过程中因需召开各里程碑会议的费用，如项目启动会、阶段评审（验收）会、总体评审（验收）会，等等；培训费用指项目建设过程中对关键用户和最终用户进行培训而产生的费用。

c.不可预见费用，即预备费用，指在项目实施阶段难以预料的工程费用和其他费用。

② 投资估算依据

投资估算的主要依据包括以下几点。

a.国家、行业、集团公司的有关方针政策及建设地区的相关规定。

b.专业设计人员提供的建设工程量。

c.软件、设备、材料的计价原则、计价依据。

d.软件、设备、材料的市场报价或可供参考价格。

e.类似信息技术建设项目投资数据。

③ 项目投资估算

项目投资估算包括进行分类、分年度总投资估算，以及分类、分年度明细项目投资估算。

（2）投资估算原则

各年度项目投资费用应尽量均衡，避免大起大落；估算项目投资费用时要多与用户交流，要获得用户的认可。

（3）投资估算主要方法及工具

① 投资估算主要方法

a.类比估算法：收集以往类似项目的有关历史资料，通过同以往类似项目相类比而得出投资估算。为了使估算更为可靠，选择以往类比的项目要尽量与当前项目趋同。

b.确定资源费率法：需要清楚了解所用资源的单价，根据方案所需要资源量完成投资估算，包括以下几个方面。

第一，针对软件费用的投资估算，可根据各项目系统设计所确定的系统用户数和数据库服务器 CPU 数，依据软件入围价格或公开市场报价进行投资测算。

第二，针对硬件费用的投资估算，主要是计算服务器购置成本。根据服务器档次和数量，按照各系统实际的使用人数、模块数据量、实时响应要求等因素进行估计。

第三，针对内部支持费用的投资估算。费用主要包括直接人工成本、办公费、差旅费、管理费等内容。

会议费用的投资估算。大型会议（参会人数超过 60 人），根据参会人员数量、规格及当地标准确定。

培训费用的投资估算。对用户进行培训所产生的费用，参照当地标准。

不可预见费用投资估算，即预备费用，按工程总费用的 4%测算。

第四，云计算应用。云计算已经成为信息化建设的重要模式，除非特殊情况，一般首选采用云计算、云应用、云服务的模式，并尽可能选择华为云、阿里云、腾讯云、紫光云等大型专业的云服务商。云计算模式主要从计算、存储和服务所需要的资源来测算，一般可先行了解各家服务商的报价原则、报价方式，再结合建设单位的实际情况来考虑。

② 投资估算主要工具

a. 单个项目投资估算模板如表 5-9 ～表 5-12 所示。

表 5-9　单个项目总投资估算模板

费用类型	费用名称	投资（万元）	所占比例	备注
项目建设费用	总投资额			
	工程费用			
	系统硬件投资			
	软件产品购置			
	系统研发费用			
	合计			
	其他费用			
	会议费			
	培训费			
	预备费			
	合计			
配套工程费用	配套硬件费用			
	合计			

表 5-10　项目软硬件购置投资估算明细模板

费用类型	费用名称	单价（万元）	估算费用（万元）	备注
硬件购置费用				
	合计			

续　表

费用类型	费用名称	单价（万元）	估算费用（万元）	备注
软件购置费用				
	合计			

表 5-11　项目系统研发投资估算明细模板

费用类型	费用名称	人员要求	工作量（人月）	估算费用（万元）	备注
系统研发费用					
	合计				

表 5-12　项目配套工程投资估算明细模板

费用类型	费用名称	数量	单价（万元）	估算费用（万元）	备注
配套工程费用					
	合计				

b. 多项目投资估算模板如表 5-13 和表 5-14 所示。

表 5-13　总体规划项目总投资估算模板

项目类型	分年度投资估算（万元）					合计（万元）
	××××年	××××年	××××年	××××年	××××年	
基础设施类						
数据建设类						
……						
合计						

表 5-14　总体规划项目投资估算明细模板

项目类型	项目名称	分年度投资估算（万元）					合计（万元）
		2016 年	2017 年	2018 年	2019 年	2020 年	
基础设施类							
	合计						
数据建设类							
	合计						
总计							

第三节　信息化顶层设计

信息化顶层设计是建设单位信息化发展规划与具体建设实践之间的"蓝图"，是信息化规划的延伸和落实，其作用类似于城市规划中的"控制性详细规划"，是指导后续实施工作的基础。顶层设计以信息化发展规划为指导，自顶层开始进行信息化建设的总体构想，是信息化规划的延续和细化，是项目实施的前提和依据。如果只有规划，缺乏具体的控制性实现手段，则在规划之下很可能又造成各自为政、分兵把口的局面，导致资源难以共享、信息网络难以互联互通的后果。顶层设计的特点是具有"整体的明确性"和"具体的可操作性"，在实践过程中能够"按图施工"，避免各自为政造成工程建设过程的混乱无序。

信息化顶层设计的核心任务是解决信息化的结构问题，即将规划阶段业务架构规划输出的多个业务系统的融合、简单拼接的松散系统，变成紧耦合、业务间有机关联，实现数据共享、业务协同、业务连续的闭环系统。

一、顶层设计的主要任务

（一）总体构架设计

总体架构从技术实现的角度，以结构化的形式展现建设单位信息化发展愿景。在建设单位发展战略目标的指导下，基于业务发展需求和对信息化的需求，首先需要从基础设施架构、业务架构、应用架构、数据架构、技术架构五方面进行规划设计，同时，需要拟定信息技术标准体系、管理制度体系，确定安全体系和运维体系。四套体系是五层架构的保障。标准优选顺序依次为国际标准、国家标准、行业标准、地方标准。以应用最为广泛、发展最有前景的信息技术为标准，可以使建设单位信息化具有良好的可靠性、兼容性、扩展性、灵活性、协调性、一致性，从而提供安全、可靠、先进和有竞争力的服务，并且降低开发成本和时间。

（二）应用架构设计

依据现有应用系统建设现状和需求分析，结合业务架构及数据架构要求等，对应用系统功能模块、系统接口进行规划和设计。应用系统功能模块的设计应明确各应用系统的建设目标、建设内容、系统主要功能等，应明确需要新建或改建的系统，识别可重用或者共用的系统及系统模块，提出统筹建设要求。应用系统接口的设计应明确系统、节点、数据的交互关系。

（三）数据架构设计

在分析建设单位数据资源、相关角色、IT支撑平台和工具、政策法规和监督机制等数据共享环境以及建设单位内外部数据共享目标的基础上，开展组织数据架构的设计；依据建设单位数据共享交换现状和需求分析，结合业务架构，识别出业务流程中所依赖的数据、数据提供方、数据需求方，提出对数据的建设单位、存储、操作、安全和隐私保护要求。建设单位应对来自不同应用领域、不同形态的数据进行整理，合理分类和分层；应考虑全生命周期的数据治理；应考虑数据的服务方式，包括数据采集、预处理、存储、管理、共享交换、建模、分析挖掘、可视化等服务。

（四）基础设施架构设计

依据建设单位基础设施建设现状，结合应用架构的设计，识别可重用或者共用的基础设施，提出新建或改建的基础设施，依据"集约建设、资源共享、适度超前"的原则，设计开放、面向服务的基础设施架构。基础设施架构包括四层：一是物联感知层基础设施，包括地下、地面、空中等全空间的设备；二是网络通信层基础设施，包括公共基础网络、建设单位内部网络及其他专用网络等；三是计算与存储层基础设施，包括城市公有云与建设单位私有云的存储服务中心等；四是数据与服务融合层基础设施，包括城市数据资源、应用支撑服务、系统接口等方面的基础设施。

（五）技术架构设计

技术架构是对应用架构、数据架构以及基础设施架构的IT实现，它定义了整体信息系统的技术环境与技术结构，是对数据流、业务流、平台服务的逻辑技术结构和物理技术结构以及如何交互的描述。根据信息化发展标准化、开放化、松耦合、服务化的趋势和要求，技术架构应采用分层结构进行描述。数据中台、业务中台、控制中台等是当前技术架构的主要选择。

（六）标准体系设计

结合本地特点，注重实践经验的固化，在遵循、实施现有国家行业及地方标准的基础上，规划、设计可支撑建设单位建设与发展的标准，一般包括总体基础性标准、支撑技术与平台标准、基础设施标准、管理与服务标准、安全与保障标准等维度。

（七）制度体系设计

从信息化建设经费投入，信息化项目立项、建设、应用、维护，信息资源管理等角度研究制订完善的保障和约束的管理思想、办法，以及落实的规章和文件，用信息化评价与反馈机制来保障信息系统的更新换代。

（八）安全体系设计

依据国家网络信息安全相关标准规范、法律法规及规章制度，结合基础设施规划，从规则、技术、管理等维度设计网络和信息安全的部署结构。规则方面应提出需要遵循的以及建议完善的安全技术、安全管理相关规章制度与标准规范；技术方面应明确需要采取安全防护保障的对象，以及针对各对象需要采取的技术措施；管理方面可对从事建设单位安全管理的建设单位机构、管理制度及管理措施等提出相应的管理要求。

（九）运维体系设计

IT 运维服务体系建设，应包含运维服务制度、流程、建设单位、队伍、技术和对象等方面的内容，同时结合业务特色，整合运维服务资源，规范运维行为，确保服务质效，形成统一管理、集约高效的一体化运维体系，从而保障应用系统安全、稳定、高效、持续运行。

（十）实施阶段设计

基于信息化建设的阶段目标，通过分析现状与建设单位目标的差距，按照项目与业务的依赖程度、紧迫程度及难易程度等，明确各阶段实施计划、目标、任务等，提出有效的、可操作的过渡路径。

二、顶层设计的要点及注意事项

（一）顶层设计的要点

1. 数据架构设计要点

以信息化的思维从宏观的角度关注业务、信息和用户，注重构建这些元素之间较为粗粒度的关系模型。通过分析业务过程，建立业务模型、功能模型；通过分析业务数据流，建立数据模型；通过分析管理模式与用户行为，建立用户与权限模型。

2. 技术架构设计要点

须结合建设单位的信息化现状，对与信息化技术相关部分的框架和技术标准进行分析和定义，其主要包括软件技术方案（软件架构、数据库选型、操作系统选型和其他关键技术选型）、应用架构方案、数据架构方案和基础架构方案。

3. 基础设施设计要点

须根据信息资源规划和技术架构方案，从技术和管理两个层面进行基础保障环境的规划、设计，以支撑信息系统的安全可靠运行，主要包括网络、服务器架构存储与备份、机房设计和信息安全保障，等等。

（二）顶层设计的注意事项

1. 站位要高

信息化顶层设计须从全局的视角出发，站在整体的高度以信息化的思维进行规划设计，主要内容包括技术架构设计、基础设施架构设计、数据架构设计、应用架构设计、业务架构设计和保障体系设计。应根据主流业务分析，提出应用架构及数据架构；根据信息化现状和存在的问题，提出信息化实施的技术架构设计；根据数据架构和技术架构提出基础设施架构。

2. 定位要准

确保 IT 战略与业务战略的有效融合，实现和 IT 业务的对接。建设单位发展战略、管理模式和关键流程对于建设单位 IT 发展战略、总体架构、应用系统等起着决定性的作用。

3. 架构要清

战略决定做正确的事；架构决定正确、高效地做事。信息化架构是架起 IT 战略与 IT 实施之间的桥梁，要确保 IT 战略与 IT 系统之间有清晰的联系，使 IT 战略可执行。

4. 关系要明

要清楚影响 IT 架构各个方面的相互关系。业务战略影响业务，业务驱动数据资源的需求，数据资源驱动应用的需求，应用驱动基础设施的采购与配置，基础设施的安装涉及安全的考虑，管控措施制约、维护信息系统、基础设施、数据和安全，而信息系统、安全、管控、数据也可以加强、制约业务的发展。

三、顶层设计的方法和工具

信息化顶层设计方法论一般包括系统规划法、战略目标集成转化法、价值工程和关键成功因素法，以及信息分析与集成技术、投资回收法、信息工程法、应用系统组合法、战略网格法、价值链分析法、战略联盟模型、客户资源生命周期法、零预算法，等等。建议采用综合集成的信息化建模方法论体系，吸收当前国际上比较主流的IT架构规划方法论、竞争力和产业规划理论，包括联邦企业体系结构框架（FEAF）、企业架构框架（TOGAF）、波特的国家竞争力理论、产业规划理论，等等，同时融合设计人员的整体规划与系统设计经验开展信息化顶层设计工作。

（一）总体架构设计

1.总体架构设计要求

（1）IT架构设计的战略考虑。IT架构设计是建设单位业务规划和具体的IT项目建设之间的桥梁，能够帮助建设单位从业务战略上理解什么是需要在未来交付的信息化系统，是实现战略、业务、信息技术的融合，使信息系统在不断发展中保持整体的协调一致，并为未来解决方案的建立提供明确的指导框架；其目标是在建设单位环境、战略、业务及IT技术不断发展变化的情况下，保障信息系统对业务的支持能力，并有效控制投资和成本。（这里说的"架构设计"不是针对某个具体系统的架构设计，而是针对整个建设单位的IT架构设计）。

（2）IT架构的基本结构

IT架构是在对建设单位发展战略、管理模式、关键业务流程、IT现状分析的基础上，为确保业务战略与IT战略的有效融合，实现业务和IT的对接，从建设单位整体层面进行的架构设计，是对应用主体、应用系统、基础设施的统一设计，必须具备动态更新的能力，以满足不断变化的需求，支持建设单位未来的发展。

IT总体架构解释了业务与管理和IT基础元素如何有机结合。总体架构包括业务架构设计、应用架构设计、数据架构设计、技术架构设计、基础设施架构设计、标准体系设计、安全体系设计、运维体系设计、制度体系设计，等等，设计过程相互关联。

2.企业架构方法

（1）TOGAF标准

TOGAF是由开放组织发起和设计制定的标准，目前已经成为业界最受欢迎的企业架构框架标准。

在TOGAF中，架构开发方法（Architecture Development Method，简称ADM）是核心内容。ADM方法由一组按照架构领域的架构开发顺序而排列成一个环的多个阶段所构成。通过这些开发阶段的工作，设计师可以确认是否已经对复杂的业务需求进行足够全面的讨论。ADM 的核心思想就是在业务架构、应用架构、数据架构和技术架构方面进行现状识别分析、未来蓝图制订和差距分析，然后在解决方案、迁移规划部分制订战略路线图和项目组合，并对这些项目组合制订时间表，进行效益分析，最后对项目进行组合，将整个架构建设成一个动态的、可持续改进的架构体系。

（2）FEAF 标准

联邦企业体系结构框架 FEAF（Federal Enterprise Architecture Framework）是美国国家信息技术委员会提出的一套企业体系结构框架，主要用于政府机构。FEAF 包含了一系列便于在政府机构中进行跨部门分析的参考模型，形成了一套框架，从而使各部门能够用一种通用方式对政府部门重要组成元素进行描述。

FEAF 框架模型包括业务架构、数据架构、应用架构、技术架构、基础架构和安全架构。

①业务架构定义了在当前技术能力支持下企业目前的业务需求。

②数据架构定义了用来支持业务的各种数据，以及它们之间的关系。

③应用架构定义了用来管理数据并支持业务功能的各个应用。

④技术架构定义了用于为管理数据和支持业务功能的各个应用提供支持的各种技术。

⑤基础架构管理所有基于企业架构的基础设施资产。

⑥安全架构定义所有方面都必须遵循的各种安全准则。这不仅包括信息技术方面的各种安全方针，还包括在业务领域也需要遵循的各种安全准则。

（3）设计架构的过程和方法

设计架构的过程和方法如下：①明确建设单位架构的使用目的和范围，这也是推动后续建设单位架构过程活动的主要动力。②判断出使用目的和范围对建设单位架构在内容深度和详细度方面的需求，并保证在各个视角下的视图内容都遵循相同的深度与详细度标准。③选择适当的企业架构标准，并使用上一步指定的深度和详细度水平来约束架构制品的内容。这个选择既包括挑选包含必要内容的核心架构制品，也包括明确用于进一步阐述核心制品或在特定领域和范围内对其进行描述的支持性架构制品。从架构制品内容这一角度看，它们需要包含企业的业务和技术资产这两个方面。④选择适当的架构框架理论和用于辅助架构建设的自动化工具。为了增强架构的可用性并提升架构开发的效率和准确性，选择适当的自动化架构工具是必不可少的。自动化工具的选择也要照顾到企业的规模、复杂度以及员工熟悉度等多个方面。

目前被国际主流厂商和政府部门普遍采用的是 TOGAF 以及 FEAF 架构标准。我国政府和行业根据自身实际情况往往会结合这两个标准进行裁剪和调整。

（二）业务架构设计

1.业务架构设计步骤

业务架构的设计是对建设单位业务深入分析再认识、职能分解再优化的过程。对建设单位现有机构各自承担的业务进行职能分解，进一步明确各机构及其承担的职能、分工之间的关系，识别并减少重复的工作内容，改革创新，优化业务流程。

业务架构设计要仿真建设单位现实世界各实体的业务职能和业务流程。首先，要求实现业务协同和业务连续性，能够提高业务自动化水平。其次，应能通过业务梳理的方法找到整个建设单位的核心业务流程，整合识别出建设单位的业务主线，能够反向优化业务流程、精简业务与部门；同时要找出公共业务、支撑业务、可复用业务，识别不同业务流程之间的共享和协作关系。最后，通过核心业务主线，进一步细分和明确业务事项，并确定整体业务功能。

业务架构设计过程可以分为以下三个步骤。

（1）确认建设单位愿景与目标。在建设单位基本职能划分的基础上，结合横向地区发展特点，纵向建设单位各层级的指导方针和战略需求，进一步明确符合时代特征的发展愿景与战略目标。

（2）分析建设单位业务现状。此阶段的业务分析是带有建设单位机构边界的，按照工作的范围、流程、对象、规则及执行机构和岗位等方面展开。建设单位机构需要细化到有建制的最小单位，对其承载的职能进行分类描述；分工需要细化到具体的岗位或角色，对其承担的工作任务进行分类描述。不同的分工可按照时间顺序和条件关系形成业务流程。

（3）再造建设单位业务流程。在前一阶段的基础上，建立全业务谱系，明确业务的关系和流程，针对业务边界划分不清、不同部门系统间业务交叉重复、流程权限管理混乱、部门间业务协同困难等问题进行业务流程再造。

2.业务架构设计原则

（1）主流程和支撑流程应分离。

（2）应符合愿景与目标期望。

（3）应复用公共流程，减少重复和交叉。

（4）对业务流程进行信息化的仿真优化。对不符合业务发展的需要且亟须完善，但受建设单位机构限制无法实行流程再造的业务的，应对业务流程进行信息化的仿真优化。

（5）业务能力组件化。同一个业务能力尽量保持独立性和专业性，归属到专业岗位，减少重复作业和资源浪费。

（6）业务流程简单、高效、开放性原则。

3.业务架构设计方法

（1）明确愿景与目标。根据总体规划成果，进一步明确建设单位的共同愿景与目标。

（2）职能与业务分析。一般来说，建设单位的内部机构设置基本代表了相应的业务分工。因此，可从建设单位内部各机构入手，通过部门职能来分析业务事项。

（3）构建业务域。按照功能相关性将业务事项聚类成业务线，进而形成业务域。

（4）描绘业务职能思维导图。描绘出建设单位业务职能的思维导图。

（5）形成业务流程图。将业务职能与建设单位中的角色相对应，形成业务流程图。

（6）形成业务结构图。从顶层视角出发考虑业务间的互动关系，形成业务交互。

（7）找出架构设计缺陷。将形成的业务架构与正在运行的应用进行对应比较，寻找差距。

4.业务架构的输出成果

（1）业务愿景与目标。给出建设单位业务发展的愿景与目标。

（2）建设单位结构角色模型。描述建设单位机构、部门职能、关系。

（3）业务分解模型。描述建设单位业务域—业务线—业务事项，"细粒度"到具体事项。

（4）角色模型。建立用户角色与业务事项的权限与对应关系。

（5）业务流程。描述业务对象、组件、操作流程。

（6）主体业务流程。从顶层视野描述主体业务流程，再逐层分解到各部门业务事项。

（7）业务交互。描述业务在建设单位间的协作关系、流转关系。

（8）业务自动化。从建设单位实际情况出发，以问题为导向来解决业务间的跨部门联动问题。

（三）应用架构设计

1.应用架构设计要点

应用架构注重应用系统设计，从稳定、解耦、抽象、集成、复用、治理、容错等方面把业务架构的业务事项进行重组，再形成系统。它描述IT的系统功能和技术的实现、进行应用系统的部署，等等。

应用架构可以划分为建设单位级和单个级两类。建设单位级的应用架构能够对建设单位的战略发展和业务模式进行承接，从而对不同的IT系统进行指导，规范其功能和定位。建设单位级的应用架构包含架构标准、架构原则、架构蓝图、系统关联性，等等。单个级的应用架构是单个IT系统设计时所具备的功能，其同企业架构不同，属于项目组，但依然要结合企业应用架构的相关原则进行架构设计，确保系统的架构设计符合标准。

应用架构提供整个信息化项目蓝图，是信息化项目的工程依据，通过与现有的系统对比，进行差距分析，形成各个系统建设的项目清单。

2.应用架构设计原则

（1）应用结构化的原则。通过服务化构建轻量级、分层解耦的应用能力。

（2）应用服务化原则。通过服务化实现应用架构的分层解耦，具备灵活调用、按需组合的能力。

（3）应用规范化的原则。应用接口、服务标准化及自治原则。

（4）疏通业务流程的原则。建立核心系统，支撑主体业务流程打通"端"到"端"。

3.应用架构设计方法

应用架构强烈映射业务架构。应用架构要说明的是整体信息化可以分为哪些应用系统，以及应用系统间的集成关系，即应用架构和应用集成架构。

业务架构只关心核心的业务流程，对于业务域、业务组件，只需要将其识别出来即可。

应用架构在业务架构的基础上进行设计，主要考虑两点：一是根据业务架构划分业务应用系统，考虑业务应用系统的划分粒度，满足划分后业务系统间的高内聚及松耦合；二是识别划分出的应用系统的可复用的内容，将可复用的内容和资源共享的内容下沉到平台层，将业务系统间需要协同和整合分析的内容上升到门户层和"BI"展示层。

（1）建立关联系统。将业务架构提供的业务与目标，重组为可实现的关联系统。

（2）确保数据的共建共享。数据由应用系统创建、使用、共享与流动。

（3）确定应用系统的范围。规划每一个应用系统的范围，包括产生、控制和使用的数据。系统与系统之间的关系，对业务架构的支持，以及应用系统类之间的数据共享，全面展现了现在和未来信息系统开发和运行的蓝图。

（4）确定应用系统实施序列。应用架构建立的应用系统类，既反映了各个系统间的关联性，又反映出使用相同主题数据库的应用系统的存在以及类似系统和子系统的关系。因此，工程实施建设可以根据应用架构和业务的发展需求，并结合实施的可能性、技术的复杂性、实施的先决条件、实施的时间、可能的风险以及可用的资源等方面，分期、分阶段、分层次地实施和建设信息系统工程，即应用架构为确定信息系统工程的实施序列提供了依据。

（5）确定应用系统视图。提供业务人员和信息技术人员的接口和共同视图。应用架构是业务人员和信息技术人员的共同视图，有利于业务人员和信息技术人员的沟通，使技术人员在正确理解业务需求的同时，能够了解未来信息系统实施的概貌。从整体和全局的层面运用应用架构，为信息系统的开发和利用提供协调和沟通的平台，保障信息系统的顺利实施。

4. 应用架构设计输出成果

（1）整体建设单位级应用系统全景视图。

（2）应用系统清单、定位、功能。

（3）各应用子系统、业务组件。

（4）应用交互协作关系。

（四）数据架构设计

1. 数据架构设计要求

数据架构描述了建设单位和数据管理资源的逻辑与物理数据资源，显示了如何管理和共享信息资源，用以决策支持，最大限度发挥数据的价值。数据的应用层次分为生产平面与分析平面，而大数据时代下的应用更关心后者。数据架构是信息化的基础与核心，它为应用架构提供可靠的数据源，构建应用系统协同；也为业务架构处理和辅助决策提供高效支撑，并为其他架构提供关键参考。

（1）建立数据资源框架。对来自不同应用领域、不同形态的数据进行整理、分类和分层。

（2）建立主题数据库（表）。根据业务架构，建立主题数据库（表），支持应用、识别并建立全局数据模型与权威数据集。

（3）数据治理。管理数据生命周期各阶段的数据实体，完成数据清洗和数据关联，确保数据在大型、庞杂、多业务环境下的完整性、及时性、准确性、共享性。

（4）大数据应用。大数据应用包括模拟仿真、分析研判、预测预警、可视化呈现等。

（5）数据服务。面向业务、场景或主题提供大数据产品或服务，包括数据操作、管理、共享交换、建模、分析挖掘、可视化等服务。

2.数据架构设计原则

（1）整体性原则。根据总体方案的统筹规划，层级的部署构成一个整体，各部分通信顺畅、信息共享。

（2）标准化原则。统一制订信息资源共享服务的技术标准、通信协议标准、数据交换报文标准，提供数据访问功能、基本业务逻辑处理功能的标准组件。站在组织全局角度定义和收集数据，建立数据标准，开展数据治理和数据质量管理。系统的开发、集成按照规定的标准进行，保证数据结构一致性和技术规范性。

（3）安全与效率并重原则。在满足安全的前提下，实现数据充分共享。在保证系统良好运行效率的同时，保证信息安全和运行安全。

3.数据架构设计的主要方法

（1）建立主题数据库（表）。对齐业务，分别从不同视角梳理数据的概念模型、逻辑模型、物理模型，建立主题数据库（表），主要分为以下步骤。

① 通过概念模型，将现实世界抽象为信息世界（实体、属性、联系），再用实体模型将信息世界抽象为可处理的数据或数据库。概念模型的质量会对系统产生较大影响，通常由资深业务人员进行数据概念模型的建模。

② 从实际业务与数据治理两个层面出发。一方面，完善数据架构对现有业务会有更好的支撑作用；另一方面，从数据治理入手明确标准，支持数据共享。

③ 从业务架构的一条业务线着手，考察并采集各项业务事项中的表证单书，获取原始的数据实体。

④ 根据业务线的流程画出数据流图。数据流图从数据传递和处理的角度，以图形的方式刻画数据流从输入到输出的传输变换过程。数据流图没有具体的物理元素，仅描绘数据在系统中流动和被处理的情况。

⑤ 根据数据实体之间在业务上的逻辑关系制订数据实体之间的关联关系，

从而形成局部实体联系模型；解决局部实体联系模型之间的属性冲突、命名冲突和结构冲突，合并局部模型为全局实体联系模型。

⑥进行主题数据库的聚类和识别，主要通过分析全局数据实体之间的逻辑关系，将全局数据实体按主题分为数据实体大组，形成主题数据库。

（2）根据相关建设单位标准开展数据治理工作，构建资源目录、交换和共享服务目录。

（3）从数据的广度、深度、速度、信度和效度等方面展开整合，打造OLAP是一种软件技术，构造大数据平台引擎。

4.数据架构设计的主要成果

（1）数据资源框架。对来自不同应用领域、不同形态的数据进行整理、分类和分层。

（2）主题数据库（表）。根据业务架构，建立主题数据库（表），支持应用、识别并建立全局数据模型与权威数据集。

（3）数据治理。管理数据生命周期各阶段的数据实体，完成数据清洗和数据关联，确保数据在大型、庞杂、多业务环境下的完整性、及时性、准确性、共享性。

（4）大数据应用。大数据应用包括模拟仿真、分析研判、预测预警、可视化呈现等。

（5）数据服务。面向业务、场景或主题提供大数据产品或服务，包括数据操作、管理、共享交换、建模、分析挖掘、可视化等服务。

（五）技术架构设计

1.技术架构设计要求

通过技术架构，能够利用技术来实现产品需求。技术架构能够对技术层面的分层、开发等存在的单位问题进行有效解决。例如，如何选择语言、如何选择开发框架、如何进行技术层面分层等，这些都同各种非功能性需求有关联。利用技术架构，可以使应用系统的各部分组件实现彼此关联，有利于系统中各技术组件的运行，还可以执行相关策略，使硬件得到合理的部署。技术架构深受IT技术发展的影响。当前，云计算、大数据已进入发展成熟期，在基础设施、数据架构处理等方面有着非常大的改进与提升的空间。云计算可以显著提高业务灵活性与部署效率，降低IT技术支出成本与运维成本，还可以改变IT技术的原有建设模式，并在现阶段对系统整合、数据整合发挥重要的作用。

2.技术架构设计原则

（1）全面解耦原则。对业务进行建模，然后对数据业务和业务逻辑、软件和硬件、平台和产品、系统部件之间等进行解耦，从而形成了高内聚、低耦合的业务模块。

（2）服务化/组件化原则。在设计技术架构时，应该以提供适宜的服务和满足技术架构所应用的数据为中心内容，从而使构建的架构更加灵活，能够实现系统所需的服务，满足服务化和组件化的原则。

（3）接口隔离及服务自治原则。构建的服务/组件可以通过接口进行隐藏和交互，接口要标准，不同的版本之间能够相互兼容；服务/组件之间可以独立升级，能够提前对故障进行预测和控制，发生故障可以自行治理，实现可视化的服务。

（4）弹性伸缩原则。架构可以是分布式云化的结构，也可以将云化架构的思想运用在技术架构的设计中，从而让制订的服务符合需求，具有一定的动态替换、弹性伸缩性，对一些高吞吐、高并发等业务场景能够灵活运用，横向拓展能力比较高。

（5）安全可靠、环保原则。所构建的安全体系要比较全面，保证安全体系的系统、网络等机密性高，具备一定的可回溯性，其权限要达到最小化，纵深防御要高，形成权限分离、失效安全的安全保护措施，让用户的隐私得到有效保护；对于一些薄弱环节能够很好地实现安全防护，安全性高，经济适用性也高；构建可靠的分层分级系统，确保业务系统无故障，能够对故障进行预防，出现故障可以快速恢复；对于系统资源要有效运用，使系统资源得到节约和环保。

（6）用户体验和自动化运维原则。在构建场景时，应该结合用户的需求来实现实时、在线的用户体验，并使用户体验能够更加方便和简洁。设定的技术架构也应支持自动运行，并且可以在安装、调试、验收等方面更加智能和高效，可以自主实现软件升级、日常维护等功能。

（7）开放、生态原则。技术架构的实现不仅要符合逻辑，也应具有一定的生态性，符合开放需求，从而在设计上要做好对平台、中间件、数据等方面的有效结合，还应让架构可以远程实现定制和集成；此外，第三方应用开发在技术架构中也同样支持。

（8）高效开发原则。设计技术架构要能够实现独立开发，并且可以完成自动化编译，在修改时更加高效和优化，能够实现小型化、扁平化的开发组织，特别是一些独立的小团队，在开发时特别高效。

（9）柔性供应制造原则。对技术架构的设计应遵循模块化，从而让各模块之间形成紧密联系，形成标准化的物料运用模式，并且制造更加柔性化，能够实现数字化和智能化，根据需求变化完成相应的制造过程。

（10）持续演进原则。进行技术架构的设计需要对架构进行深入的分析，从而让架构能够获得持续的构建，使所设计的架构能够满足业务变化的需要，能够随时进行重构，让架构符合管理需要，并且使自身的生命力更加持久，在市场中的竞争力也不断提升。

3.技术架构设计方法

由于信息技术的标准化、开放性、多程性、松耦合等特点，以及当前云计算技术、大数据技术的广泛应用，技术架构通常采用分层结构来进行描述。分层的技术架构减少了 IT 的复杂性，提供了高性价比的 IT 运维、软件开发与移植，用最小的 IT 投资获取高扩展能力的最大回报。

以"云"为核心构建"四层次四体系"的整体技术架构，包括以下层次。

（1）门户层。以决策者、管理者及操作者等不同用户角色，以及 PC 端、移动端等不同终端场景定义统一的工作平台入口与服务入口，是各类用户获取服务的主要人机交互层。

（2）应用系统层。基于应用架构设计的各类应用系统与平台系统。

（3）应用支撑层。其包括业务中台、数据中台、技术中台、应用中台、安全中台等各类服务总线联结的综合服务平台。

（4）数据资源层。其由数据采集、数据处理、数据组织、数据治理、数据分析、数据服务组成，实现硬件承载资源的全面云化。

（5）"四体系"。其包括相对较成熟的运维管理、安全管理、标准规范、保障制度四方面的内容。

4.技术架构输出成果

（1）详细技术架构。

（2）具体技术选择，技术环境构建。

（3）工程部署与迁移。

（4）建立运维体系、安全体系、标准体系、制度体系四大体系。

第六章 信息化项目管理创新应用案例

第一节 A集团公司信息化建设项目规划研究

一、A集团公司信息化建设项目架构设计方案

A集团公司信息化建设整体采取的是在信息化领域国际领先的战略方法，旨在定义集团关于信息化建设在不同层面上的工作内容和要点。

实施这一方法的重要环节包括：在业务层面上，我们需要深层次了解企业业务未来的发展规划，因为只有掌握企业目前和将来的业务内容对于信息化建设的要求，才能精确地掌握信息化规划总体定位；在技术层面上，信息化规划要求整个技术架构体系要符合企业多层次发展需要，即在企业系统、安全、网络、应用等多方面展现效果；在管控层面上，信息化规划要求建立多方面的管控内容，包括考核指标、信息化保障组织、管理流程、管理制度、角色职责，等等，从而使信息化建设更加全方位。

在整体规划中，对于整体项目的制订，要始终遵照"四个统一"的原则来开展相应的工作，具体内容如下。

（1）统一规划。A集团的信息化建设一定要符合A集团公司的业务发展内容和整体管理模式，并且通过A集团本部制订关于信息化项目的总体规划。

（2）统一管理。信息化建设对于集团公司及其下属单位要设立归口管理机构，以便于信息化工作的统一管理。下属分、子公司虽各自管理本公司的信息化建设工作，但还需要集团进行统一的审核、立项、评定等，才能以此保障信息化建设的持续发展。

（3）统一标准。集团公司会根据整体信息化项目规划制订出符合本集团公司的信息技术标准规范，即涵盖平台标准、技术规范化标准、分类标准、应用标准等，故信息化建设须符合集团定的标准开展相应的信息化建设。

（4）统一架构。集团须设立统一的信息集成架构，可为集团主要业务实现信息的快速纵向交换，这样可使集团上下信息有效畅通；各单位也可根据集团订立的信息集成平台使用规范，开发和实施适用本单位的系统，更加有效地简化系统接口和升级的工作，这样也会降低运维成本和系统建设开发工作的难度。

另外，信息化建设的规划是在进行实地考察A集团公司各级单位的基础上，且结合了对标企业的深层次分析后，归纳出A集团在信息化方面应具备的几种能力，即信息化能力、架构管理模式、互联网战略和管控、建设实施、运行维护及服务管理、信息技术安全、人力资源管理等，即需要通过信息化建设解决以下七大问题。

（1）按照整体的发展计划，制订相应的互联网战略。

（2）根据发展战略建立信息化组织机构，为其制订职责范围和有效的评估机制。

（3）建立和持续发展企业信息化整体构架的问题。

（4）信息化系统实施和进行生产服务的问题。

（5）日常运行维护的问题。

（6）保护企业运行数据信息和资产的问题。

（7）信息化建设中须考虑的因素，即人员调度安排、实施周期、相应进度、管理信息化的成本、质量等问题。

从信息化建设能力角度出发，集团采纳了国内外相应数据模型、方法论和一些企业的实施案例总结经验和方案；从五个方面出发，即数据架构、信息安全架构、基础设施架构、应用项目架构和互联网管控体系架构，进行合理系统设计和具体需求分析，切实解决信息化管理过程中的七大难题，以帮助A集团提升信息化建设的能力。

二、A集团公司信息化建设项目架构体系总设计

按照A集团公司信息化建设总体战略规划，确定了集团信息化建设的战略目标是"一平台、二数据、三中心、五能力"，包括在集团未来发展的3～5年内，建立一体化信息集成平台，以管理信息化数据和工业自动化数据为主要

动力，建立一个以信息化数据中心为支持的智能化运营监督系统，旨在运用一些信息化的手段，使产业发挥出集中高效的作用，在业务流程方面更加合理、更加专业化，使 A 集团公司的总体管控能力、专业管理能力、服务共享能力、各类资源的整合能力以及人员的平衡协同能力都能得到很大的提高，从而让 A 集团的信息化能力在国内居于领先水平。"一平台、二数据、三中心、五能力"主要涵盖以下内容。

"一平台"。在企业将来发展的 3～5 年内，A 集团公司按照信息化战略总体规划要求须建立统一的信息化管理平台。信息化管理平台主要依靠集团公司各方面的数据支持，如企业门户、资源管理、企业服务总线、内容管理和统一身份认证等方面，涵盖企业发展和运营的多方面，以此来达到集团信息的上下畅通效果，并且为企业信息的决策与评估提供支持作用。

"二数据"。在数据部署方面，集团采用两级数据部署，分别为管理信息化数据部署和工业自动化数据部署。集团公司设计信息化平台数据架构，建立适用企业管理信息化的统一数据库，以便统一部署数据交换形成集成总线。集团的下属单位在集团设立的统一部署数据交换的集成总线的标准下建立工业自动化数据库，为集团数据提供交换接口以满足其交换需求。

"三中心"。集团会建立网络中心和数据中心，并以其为支撑，建立一个智能化运营监控中心，涵盖生产运行监控、统一控制协调等能力。智能化运营监控中心会根据集团运营的整体特点和重点进行多方位的监督，也会按照使用者的不同要求让运行的数据信息和各种辅助的决策信息实现深层次、有逻辑性、更实时地交流互动，在可视化展现方面更加全面。

"五能力"。在"一平台、二数据、三中心"的基础上，旨在运用一些信息化的手段，使 A 集团公司的总体管控能力、专业管理能力、服务共享能力、各类资源的整合能力以及人员的平衡协同能力都能得到很大的提高，从而让 A 集团的信息化能力在国内居于领先水平。

信息化建设的总体规划将涵盖 A 集团业务的各个领域，涵盖面很广，如钢铁、建设、煤炭生产、煤化工、水泥、重工装备以及其他领域。

综上所述，按照总体制订的信息化战略目标，且在对 A 集团整体能力建设和各项业务的深层次分析后，为了实现对 A 集团公司整体信息化综合能力的持续完善和提升，应对 A 集团各类应用系统进行全方位的建设并进行多层次的深化推广。按照分阶段的原则将"五能力"进行提升，第一阶段要从共享服务能力、资源整合能力、专业管理能力和平衡协同能力基础建设入手，运用信息化系统的数据来支持基础业务，从而使 A 集团在纵向管控能力上得到初步提升，其目的是让 A 集团具备大型企业集团的管控能力。第二阶段在基础业务得到初步提升的基础上，以信息化平台系统的管控功能优化及其他辅助手段为载体，重点提升集团的纵向监管能力，让 A 集团公司的综合管控能力在国内居于领先水平。第三阶段应参考国际领先企业，同时顺应信息化发展的整体趋势，适时地对前两个阶段进行调整和完善，形成更全面的信息集成系统，建立一批更加智能的运营中心，最终通过不断完善和提升让 A 集团的综合管控水平在国际上达到领先水平。

三、A 集团公司信息化建设项目架构体系具体设计内容

（一）应用架构设计

应用架构设计是为了提升和支撑企业的战略能力和业务能力，所以我们在进行应用架构设计时要遵循企业业务的管控能力框架和管理主流程，形成企业级的应用。为了企业业务的可持续开展，要求在应用架构和技术规划的设计上完整地给出整体系统的部署模式和在开展过程中遇到问题后的一些解决建议等。

1. 设计目标

应用架构作为信息化建设的蓝图，起到了承上启下的作用，所以它在信息化建设中非常重要。根据目前 A 集团业务发展的整体情况，应用架构设计的目标是要能够适应 A 集团公司未来 3～5 年的发展乃至更长时间的发展，其主要方式是结合目前国内外先进的发展案例，且对集团内部现有的信息进行整合和重组，以五大核心能力为主要思路，以"强化总部，做实板块，激活三级"作为发展主线，去完成企业级应用架构的设计。

2. 设计原则

随着企业规模的逐渐扩大，下属业务增多，需要集团总部将有限的精力投入最需要的地方，这就要求集团公司明确什么该做、什么能做。A 集团应用架构设计最主要的思路便是管控模式，最关键的来源是管控能力框架和管理主流程，它也决定了各个功能领域边界怎样划分。只有结合了多方面因素后，才能最终确定应用架构的设计原理。

A 集团公司下属的企业单位有很多，涉及的产业板块不计其数，如建筑施工、能源化工、煤炭开采、装备制造、金融服务、现代物流和绿色健康，等等。由于集团产业板块繁多，可想而知进行管理时工作重心和要求也就不尽相

同。通过对 A 集团公司上下整体的背景调查和访问了解到，A 集团公司有三种管控模式，即对下属公司采用战略管控的模式，对非控股的公司采用投资管控的模式，对下设的分公司采用运营管控的模式。

为了让业务联系更加紧密和有力量，A 集团公司的核心业务遵循的原则是横向到边、纵向到底，上下贯通始终，这样可以在最大限度上实现数据资源的流动共享。为了创造更多的可能性，A 集团公司信息化建设在服务保障体系上呈现出来的特征是要实现多模块和多系统的无限重组和融合。

3. 设计内容

因业务主流程管理可以帮助企业更科学地管理各个业务环节，所以 A 集团公司整体的管控能力框架是从集团公司的业务管理主体流程出发，进行归纳总结的，其设计内容通过四个层面组织展开，让企业在运营效率、透明度与控制力、敏捷性方面均获得受益。

（1）战略决策层业务能力和管理流程的分析

企业的战略决策层决定着企业的经营方针、经营方向和远景目标等，所以企业的战略决策层至关重要。通过应用体系和应用方向的不同去建立不同的数据分析模型，主要是为了给企业领导层在进行决策分析时提供必要数据支持，能够在企业经营管理活动中发挥重要的作用。应用数据模型在各个应用系统中发挥至关重要的作用，如资本运营系统、财务决策系统、物资决策系统、战略决策和规划系统、监控学习系统、生产决策系统、物资决策系统、治理结构和全面风险管理、运销决策系统、人力资源决策系统、安健环决策系统、科研决策系统、业绩管理系统、党群管理系统和基础建设决策系统，等等。在这些方面的基础上不断进行完善和改进，全方位、多领域地为企业管理层提供技术和理论上的支持，主要针对企业管理模式上的战略、计划、风险评估、预算成本和绩效考核方面形成紧密的联系，并保持一致性，以此为本集团的 KPI 目标值的预算和分解设置提供必要的保障。

风险报告是改善企业经营管理中不足的重要手段，所以需要定期汇总和分析企业各类信息化数据，以便能够在企业经营管理时对出现和存在的风险进行有效的预警和识别。

在建设信息化战略时，A 集团公司的企业数据是非常重要的组成部分，因为集团需要的策略和市场分析模型要在企业数据的基础上进行更合理的设计。企业数据包括企业管理层的投资方向、战略、计划、费用、预算成本、考察指标等多个方面。数据模型需要在这些方面不断进行分解、重组和融合，而风险管理所需要的模型也可在此基础上进行搭建，最终实现管控系统的集中性。

（2）运营管理层业务能力和管理流程的分析

运营管理层通常具有很强大的处理能力，在企业管理的各个系统中处于顶端。A 集团公司将从横、纵向出发，将企业的业务内容实现全局的优化控制和管理，横向方面主要包括战略分解和实施系统、财务资产系统、人力资源系统、物资运营系统、业绩管理系统、科研管理系统、运销管理系统、基础建设管理系统，等等，而且以上系统之间的业务内容是紧密相关的并且共享信息；纵向方面主要通过集团公司、业务领域和三级单位企业管理展开，甚至可扩展到生产管理层面，因为层面和领域不同，所以创造的商业价值也就各不相同。由于数据和信息之间是共享和流动的，各业务之间的联系是非常紧密的，它们相互作用，共同推进着企业的发展。

通过掌握 A 集团公司在业务和管理方面的要求，制订信息化建设的应用方案。为建立一个高效、联系紧密、依赖性强的企业管理系统，其涉及的板块有人事、财务、采购、物资、库存、生产、基本建设、销售、设备、人力资源等，最终可达到产、运、销、人、财、物等各个环节综合自动化的目的。

（3）生产经营层业务能力和管理流程的分析

生产经营层面主要在企业管理过程中负责具体任务执行环节，主要涉及一些非常直观的业务，其业务板块主要包含生产、设备和安全健康等。每个业务层面对信息化建设的要求都有不同，生产经营层更多的是需要技术的不断更迭和完善。因为生产经营层面的应用具有个性化和独立的特点，所以各生产单位应该分别使用不同的现场调度系统和生产控制系统，以便使数据形成集成统一。

每个管理层都有各自对于信息化建设过程中所需的核心应用，运营管理层主要以信息化管理系统为核心；生产经营层主要以自己负责的板块的实时技术为核心，例如，煤矿、煤化工、钢铁、水泥、实业、重工装备及 MES/PCS 等业务板块使用各自的专业化的信息系统，而各类集控系统主要面向机组／工作等方面。

（4）共享服务层业务能力和管理流程的分析

共享服务层主要服务于 A 集团的生产运营和综合办公，根据集团业务的具体需求，通过多种信息和形式的转换满足跨部门、跨领域、跨层次的业务数据支持，其涵盖财务共享服务、人力资源共享服务、信息化共享服务和行政管理共享服务四个方面。财务共享服务包括订单到收款、费用报销、采购到付款和核算与报表；人力资源共享服务包括人才培养、员工服务、人才发现和人才配置；信息化共享服务包括信息化资源管理、服务管理及信息化运维、信息安全管理等功能；行政管理共享服务包括印章管理、会议管理、车辆管理等业务功能。

因为每个业务板块的运行方式和所要求的功能都是不同的，所以在技术上的支持也就不会相同。为了使企业更好地发展，企业业务之间应能互联互通提出整合方案，运用企业管理信息系统统一部署财务和人力资源共享服务。因为运作方式和功能上具有高度相似性，所以信息化和行政管理共享服务采用统一综合管理的部署方法，通过集成信息平台协同作战，以此来满足各自的业务发展需求。

（二）数据架构设计

数据架构设计是为企业管理数据提供蓝图的，目的是确保企业管理数据能够满足业务对信息的需求，为未来企业开展更多的业务做良好的保障。要对A集团公司的总体业务和数据信息进行充分了解后，再开展数据架构设计。

数据架构设计是数据管理工作的第一步。数据架构虽然具有基本性质，但因为数据管理工作是一个非常漫长的过程，所以数据架构设计并不是一成不变的，必须随着数据和企业的业务需求变化而进行不断地更新，并且在发展的过程中必须要遵循国家政策的导向。设计出符合A集团公司长远发展的数据架构体系，提供阶段工作的关键点和数据信息可以为数据架构设计的实施做好保障工作。

1.设计目标

数据架构是企业架构的重要支柱之一，可以通过它成功地执行业务策略，所以A集团公司在进行数据架构设计时要从集团本身的情况出发，结合国内外企业成功的案例去进行数据架构的设计，其最终目的是设计出一款符合A集团公司所有企业发展的数据架构模型，同时需要为数据架构模型做好数据保障工作和运行的数据平台。数据架构模型能够为企业管理层在进行决策时提供准确且可靠的数据支持，为完成企业的业务策略做技术保障。在进行数据架构设计时要遵循三个原则，即可扩展性原则、标准性原则和统一性原则。具体内容涵盖以下五个方面。

第一，需要清楚数据信息的组成和分布情况，如收集什么类型的数据、从哪里收集数据以及收集数据的安排等。要从A集团公司整体的业务流程和管控能力出发去进行收集。

第二，在清楚企业级数据模型的组成和分布情况之后，通过了解业务管理的汇总可以划分出数据的主题域，然后结合 A 集团业务本身的情况就能够构建出符合 A 集团公司本身的数据架构模型。

第三，建立 A 集团的数据架构模型后，要根据 A 集团公司业务发展的特点，建立符合 A 集团公司的企业级数据平台。该平台的建设目标是让数据像水资源一样在企业的系统和业务板块中流动，实现数据信息的互联互通，从而为企业业务提供分析数据的能力。

第四，为了让数据信息能够不断完善和优化，需要建立符合 A 集团公司业务的数据质量监控和监督体系，也需要设定相应的质量监督指标。建立完整的数据指标体系，将数据应用到管理流程中，实现控制，才能让企业实现可持续发展。

第五，数据指标体系更像一个企业信息化建设的工具，那么如何将工具和企业管理流程结合起来，以达到最终的监督目的？这需要建立一个完善的数据管控组织。该组织体系具有很强的执行能力和优化能力，职责上能够对数据的质量提出合理的方案和建议并最终落地执行。

2.设计内容

企业级数据模型是从企业运营和管理的过程中涉及的所有业务概念和逻辑规则进行统一定义、命名和编码的一种数据形态，在遇到多个系统重复信息时能够通过数据信息进行筛选和优化，从而加强应用集成实现的速度。数据主题是与传统数据库的应用相对应的。数据主题是一个相对比较抽象的概念，是在较高层次上将企业信息中系统的数据综合、归类并进行分析利用的。顾名思义，数据主题可以是任何可以进行区分的事物、流程或者概念等。数据主题域则是将联系比较紧密且特点高度相似的数据主题进行汇总后产生的集合。

企业的数据模型是根据业务人员、IT 人员和开发者之间进行沟通的一种语言。数据模型分为概念数据模型、逻辑数据模型和物理数据模型。概念数据模型是一个高层次的数据模型，由核心的实体或集合以及实体间的业务关系组成，定义了重要的业务概念和彼此间的关系，所以适用于企业的核心业务。逻辑数据模型是对概念数据模型的进一步分解和细化，所以在设计该模型阶段需要办公人员进行集中办公，以减小最小的数据冗余。在逻辑数据模型完成之后，要根据所选的数据库产品及其他因素，进行物理数据模型的设计。物理数据模型负责的是描述模型实体的细节，对数据冗余与性能进行平衡，主要是解决细节的技术问题。

掌握 A 集团公司的业务关注点，结合目前 A 集团公司主营业务运行的特点，将这些数据主题划分到不同的主题域，分别为财务、企业综合、库存、采购、销售、项目、设备、人力资源、生产和安全健康环保。

数据主题是数据主题域的进一步分解、细化的过程。主题域下面可以有多个主题，根据它们之间的关系，结合 A 集团公司业务的发展特点先设计出一款符合 A 集团公司的概念数据模型。该数据模型会解决企业的核心业务问题以及定义业务概念，并且通过对企业业务的多角度定义，可以增强数据主题域之间的联系，在此基础上会为之后的逻辑数据模型和物理数据模型的产生提供设计理念和技术支持。

进行数据架构设计，在第一阶段需要筛选出数据主题在企业应用系统中的展现情况。通过了解和调研可知，在 A 集团公司的管理信息系统中我们可以清晰地看到其核心业务分布在各个数据模块中，这也为之后数据库的设计人员查找集团公司的数据主题奠定良好的基础。搭建一个良好的企业数据库，能为企业更方便和快捷地获得所需要的信息，节约时间与成本。

（三）基础设施架构设计

基础设施架构能够提高企业数据中心的生产力。可在研究 A 集团整体的信息化建设状况后，设计出符合 A 集团公司发展的基础设施架构。基础设施架构设计会在机房、网络、系统、容灾和 UPS 建设等板块进行技术上的支持，并服务于集团业务的开展。

1. 设计目标

基础设施架构设计不是一步到位的事情，是需要循序渐进、不断完善和发展的，其目的是随着系统复杂度的提升和业务发展的不断演进，建立具有延展性和灵活性的基础设施架构。根据 A 集团公司整体信息化建设的战略规划和战略目标，建立属于 A 集团公司的基础设施架构，使其通过基础设施架构拓展更多的业务以增加更多的信息资源，为未来信息化建设的发展提供可行的数据资源。基础设施架构设计应注意以下三点内容。

第一，搭建的基础设施架构需要满足 A 集团的业务发展，并能够为集团业务管理信息系统提供强有力的支持。

第二，在对 A 集团整体运营业务进行考察后，结合国内外行业发展成功的案例可知，A 集团需要建立具有延展性和灵活性的基础设施架构，一方面可以推进 A 集团业务的发展，另一方面可以在信息资源上占据一席之地。

第三，为了 A 集团未来的信息化建设，需要基础设施架构为企业业务应用提供稳定的、可靠的技术保障。

基础设施架构主要在三个方面有所体现，即数据中心、通信中心和系统运维。数据中心，简而言之就是统一规划数据中心和机房的建设标准，为信息系统的运行提供良好的运行物理环境。通信中心是一种贯通集团公司上下的网络通信程序，为企业上下创造互联互通的网络环境。系统运维可以保障 A 集团公司系统的良好运行，尽可能地预防各种错误，减少不必要的损失。

2.设计原则

随着企业业务的不断发展，A 集团公司因涉猎板块和业务层面比较多，所以在进行基础设施架构搭建时就要采用分层级和分板块的搭建理念，但最终的目的都是为 A 集团整体业务提供更加一致的基础设施。基础设施架构设计遵循的原则如下。

（1）共享原则。在信息化建设设计阶段，要将实施过程所需要的技术考虑到首位，并且要充分考虑到各个应用系统间的信息共享的功能，以方便后续应用时有可操作性。

（2）稳定原则。系统应用成功搭建后，为了能够在使用时更加流畅和便利，后续需要更专业和更成熟的运营系统及维护团队，以适时地进行应用优化，来适应不断变化的环境和企业的需求。

（3）保护投资原则。A 集团公司的信息化建设经过很多年的发展，硬件系统已初具规模，但在使用时需要结合各个应用间不同的运行模式和信息数据，以此作为决策时重要的依据。

3.设计内容

在进行基础设施架构设计时，其规划框架模型将是设计的关键依据。规划框架模型主要由三部分组成，即网络基础设施、系统运维和数据中心。网络基础设施包括局域网、互联网、广域网及网络管理；系统运维包括运维体系、运维管理、运维平台；数据中心由基础设施资源池、服务器、储存、系统平台、终端、备份与容灾构成。

（四）信息安全架构设计

在应用架构设计、数据架构设计和基础设施架构设计的基础上，产生了信息安全架构设计。信息安全架构设计主要由两部分组成，即信息安全技术防护和信息安全管理战略。

1.设计目标

在进行信息安全架构设计时，要结合 A 集团公司的实际业务情况研发安全技术方案，主要从两方面入手，即应用安全和数据安全。应用安全要充分考虑到企业应用的使用情况和使用范围，来划分应用安全的等级和设定操作流程具有一致性的使用密码，以便企业内部人员对应用系统进行更好的使用。通过进行信息安全的规划以及企业在信息安全方面制度的制订来保障企业信息化的安全运行，同时在出现信息安全问题后，企业内部要能够及时、准确地对信息安全的漏洞进行总结和归纳，以便应用系统进行更好的优化。

2.设计原则

信息安全架构设计的原则有四个，即具有持续性、先进性、平衡性和防护性。

（1）持续性原则。信息安全规划不是一成不变的，要随着信息安全风险的出现不断更迭和优化，使应用系统的安全性逐渐提升。

（2）先进性原则。信息安全规划的设计要具有先进性，能根据时代的发展具有创新性，可以借鉴优秀的发展案例，也要适时进行自身的更新和优化。

（3）平衡性原则。信息安全规划要能实现动态的平衡性，既要有利于企业长期稳定使用，也要适应监管部门的规范，达到安全性和平衡性互存的状态。

（4）防护性原则。信息安全规划要根据信息安全风险的来源和使用情况的不同，对企业的安全防护系统设立不同的防护等级，以确保企业信息的安全性。

3.设计内容

信息安全架构设计内容主要由两部分组成，即信息安全管理战略和信息安全技术防护。信息安全管理战略主要解决 A 集团公司的安全管理、用户身份与访问管理及运维安全的问题。信息安全技术防护主要包含以下六个方面的内容。

（1）信息安全战略，包括企业信息安全建设的规划内容，以及企业信息安全最终想要达到的目标。

（2）应用和架构，包括应用安全工具、应用安全管理、应用开发安全。

（3）身份和访问管理，包括用户及身份管理要求、用户身份的权限管理。

（4）信息运维安全，包括日常应用的使用和出现信息安全事件的结果分析。

（5）信息安全管理。包括企业制订的关于信息安全的制度、规范和考核机制。

（6）信息安全能力模型，其在 A 集团公司信息化安全建设中具有重要的地位，是信息化安全建设的理论依据和数据来源。

（五）信息化管控架构设计

信息化管控架构设计是为了能够实现企业信息化建设的目标而设计的，其对企业信息化建设的发展具有举足轻重的意义。信息化管控架构设计包含信息化建设设计、项目组织、项目资源管理和信息化标准管理，等等，结合企业制订的制度、规范和指标，搭建更适用的信息化管控体系，易于推进企业信息化建设的进程。

因为 A 集团公司的信息化建设将用于未来企业发展的各个业务板块，所以需要制订符合多业务发展的信息化标准体系，以求企业业务发展更符合规范，更利于企业实现统一管理。

1. 设计目标

A 集团公司要在信息化建设的基础上建立更加符合信息化建设发展的管控体系，实现信息化建设从初始阶段到最终阶段的全局保障系统，通过信息化管控体系对企业发展实现优化和提升的效果，为企业实现最终的信息化建设添砖加瓦，以求建立符合企业发展的组织构架，让企业间的信息实现共享、集成和互联互通。

信息化管控体系不仅能成为企业内部对信息化建设提出需求的途径，还更利于企业的管理模式向整体性和统一性的方向发展。

信息化建设不仅需要信息化管控体系保驾护航，也需要企业制订更加合理的人才培养方案和考核体系，为信息化建设提供源源不断的动力；权责分明，提升业务办理的效率，最终实现企业整体价值的最大化。

2. 设计内容

信息化管控架构设计是在信息化管控体系的基础上开展的，主要从企业的管理组织构架、管理制度及其标准、管理规定以及制度范围这几方面去进行建设和发展。

（1）管理组织构架。企业信息化管理组织主要包括管理办公室、技术实施层、信息化建设决策层三个层面。根据对 A 集团公司三个层面的调研，为其设计最终的应用架构规划和基础设施架构规划，并在这二者的基础上为其搭建符合企业发展的管理组织构架。

（2）管理制度及其标准。作为 A 集团公司信息化建设的理论保障，管理制度及其标准的制订将为信息化建设带来可观的效果。因此，我们结合企业业务现状和管理层级的数据分析，制订出更适合 A 集团发展的管理制度及其标准。

（3）管理规定。管理规定是引导信息化建设发展的动力，是其他制度的奠基石。

（4）制度范围。信息化建设管理制度的范围应该包括信息化项目建设、信息安全、信息化运营与维护，等等。

根据信息化建设的理念，集团要按照业务板块的不同制订符合各个部门发展的制度，而这些制度一定要符合管理规定；管理规定又在其基础上制订更加明晰的管理办法。管理办法可以包含企业信息化的多个方面。所以 A 集团执行的管理办法，一方面一定要符合公司业务的发展需求，另一方面要能够适应未来的信息化建设。

四、A 集团公司信息化管理绩效考核体系

（一）信息化队伍建设

经调研发现，A 集团公司在信息化建设过程中人员体系架构方面存在着很多问题，这无疑会阻碍集团的信息化建设，其主要表现在企业对人才培养的意识不够和对人才培养的激励缺失，导致企业引进人才非常困难。又因信息技术不断发展，企业对信息人才的需求越来越大，信息化人才的缺乏已成为企业信息化建设发展"最短的那块木板"。所以要想信息化建设更好、更快地完成，引进信息化人才将是最关键的内容。在进行信息化人员建设时，可以将信息化人才和集团人力资源进行结合，不仅要引进信息化人才，还要为其制订更加长远的发展规划和晋升方案，以吸引人才、留住人才，从而为 A 集团信息化建设注入源源不断的新鲜血液。

要求 A 集团公司的信息部门要更加重视信息化人才的管理，具体内容如下。

（1）引进的信息化人才要根据其自身特点安排适合的岗位，以求人尽其才。

（2）为新员工提供专业的培训计划，提升员工的专业水平和业务能力。

（3）为新员工制订更加完善的晋升机制和长远的发展规划，使其具有强烈的归属感。

信息化的发展程度，一方面体现在信息化建设体系中，另一方面体现在公司员工对信息化建设的认可度及操作的熟练程度上。所以在未来信息化建设的发展中，员工对信息技术的掌握程度和专业能力的熟练程度将是重点考核的方向。

（二）信息化考核管控关系

绩效考核是企业绩效管理中一个非常重要的环节。绩效考核的目的并不是单纯地进行利益的分配，而是促进企业与员工的共同成长。信息化建设过程中对信息化人才的考核也将是非常重要的环节，主要包括信息化建设过程中的成果展示，运营与维护的过程中及时发现问题、解决问题的方案，以及信息化人才的培养，等等。A集团公司在对员工进行绩效考核时，一定要采取合理的方案且能够做到公平公正。为了明晰绩效考核的方向，现有以下几点注意事项以供借鉴。

（1）信息化建设的绩效考核主要是对信息化建设阶段性的总结，所以需要对所有员工进行考核，通过考核将信息化建设的理念植入人心。

（2）绩效考核需要采用自上而下的考核方式，即集团对下属公司进行考核，公司对下属单位进行考核，下属单位对部门进行考核，层层递进。

（3）员工考核的结果需上报部门，由部门上报集团，集团进行最终的评价。

（4）各公司的信息化部门也需要对执行的厂家进行考核，考核指标可以参考集团的统一要求。

（5）信息化领导小组需要接收信息部门及其成员和厂商的考核结果。

（三）绩效指标考核范围与关键点

一个好的信息化绩效考核方案应该由企业的人力资源部门和信息化建设管理部门共同制订。绩效考核方案中最难的则是关键绩效指标（Key Performance Indicator，简称KPI）的制订，这部分将是信息化管理部门重点关注的地方。

KPI指标的制订要以A集团实际的业务板块及未来的发展方向、信息化建设总规划以及信息化部门员工的发展规划为依据去制订。

在进行KPI指标制订时，信息化部门和人力资源管理部门需要重点关注以下几点。

（1）全公司信息化员工的KPI指标是可以更细化的，要通过指标提高员工工作的效率。

（2）对于不同岗位的信息化员工，其制订的KPI指标应不同。

（3）考核指标要覆盖公司内每位信息化员工，可以根据员工负责的工作和所处岗位进行人力调整。

（4）KPI指标的制订一定要经过上级领导部门的审批后方可执行。

（5）KPI指标的考核结果要与A集团公司内的考核结果统一。

（四）绩效指标分析

KPI 指标方案的制订要从 A 集团业务的实际情况出发，依据企业的发展战略以及总体目标去进行 KPI 指标体系的制订。

KPI 指标的参考值会从以往绩效指标方案制订的历史经验、对标企业的使用情况以及相关企业实际情况所产生的相关数据等方面来进行确定。

第二节　T 公司质量管理信息化项目研究

一、T 公司及其行业背景

构成手机的重要组件之一就是薄膜晶体管液晶显示器（Thin Film Transistor-Liquid Crystal Display，简称 TFT-LCD）。对于一部手机来说，TFT-LCD 的成本要占手机总成本的 1/5 左右，其成本要与主板的成本接近，可见 TFT-LCD 的重要性。如今随着科学技术的迅猛发展，智能手机不断更新换代，使得 TFT-LCD 这个产业也在蓬勃发展。

随着我国高世代液晶面板生产时代的到来，人们的需求量和使用量不断加大，这对液晶显示器行业产生了巨大的冲击。科学技术和信息化发展至今，可以发现人们的消费观念在发生巨大变化，在手机和显示屏的使用上逐渐倾向于中小尺寸，这就对企业的产出能力和市场营销手段提出了巨大的考验。随着大众对中小尺寸使用设备购买力的逐渐加大，企业非常看好中国液晶显示器的市场，并不断加大投资。相关报道指出，预估未来几年里，液晶显示器的产出能力将会持续快速增加，其前景的可观性让人们震撼。

低温多晶硅（Low Temperature Poly-Silicon，简称 LTPS）是平板显示器领域中又一比较高端的科学技术。

以液晶产业为主要发展方向的先进企业 T 公司，在市场需求的推动下，不甘落后，投入大量人力资源和技术资源，大胆进行创新和研究。事实上，国家已经意识到在液晶显示行业所处的被动局面，因此推出很多扶持政策，号召企业能够在液晶显示领域进行研发和创新，以适应国内市场的需要。T 公司在国内政策的推动下，积极投入资源，力求摆脱液晶显示产品受制于国外的现状。

二、T 公司质量管理信息化项目介绍

（一）项目背景

随着信息技术的不断发展和我国企业改革的不断深入，企业质量管理信息化的好处逐渐显示出来，这无疑会对各大企业信息化管理体系的理念和管理模式提出了更高的要求。在这种背景下，T 公司深刻意识到质量管理信息化的重要性，2017 年将企业信息化建设作为一项重要的发展战略进行有效实施。T 公司通过整合公司的业务板块以及人员分配等，成立信息化建设团队，将企业质量管理信息化建设作为重要内容进行搭建，要求项目团队在一年内完成质量管理信息化建设。

质量管理信息化建设在这个项目开始之前需要对 T 公司的信息化现状进行调研和分析，以确保搭建的质量管理信息化体系符合 T 公司未来的发展方向。现状调研主要包含两方面的内容，即公司已发生的事情和未来公司要发生的事情。这两方面的内容可以从 T 公司员工、台账以及信息数据方面去进行深入的调研，明晰公司现今的业务发展内容、人员的分配、公司在哪些方面存在漏洞、这些漏洞存在的原因以及如何解决，等等。现状调研的最终目的是通过分析过去和现在公司的情况，了解公司现在出现的问题，通过质量管理信息化建设搭建预测公司未来的发展情况。

经过多方面的调研和分析后，T 公司在质量管理方面存在的问题集中在企业领导层的决策力、出现问题的处理能力、企业业务发展的产出能力以及团队沟通的协作能力等方面。这几方面的问题关系到企业未来的发展动力和发展方向，故亟待解决。

首先，通过调研发现，T 公司员工在进行信息数据统计时存在着人力资源的浪费和工作效率低的情况。例如，公司内的员工在进行信息数据的筛选、录入、统计和核对时均需要通过人力手动操控完成，甚至一些报表和公司的台账还仍以纸质材料的形式存在，这无疑会浪费更多的人力资源和时间成本。而且随着公司规模的扩大，涉及的业务板块逐渐增多，在信息数据统计量上也会逐渐加大。如果一直遵循原来的用人原则和操作方法的话，企业将会增加更多的投入成本，这对企业的发展将会是不利的。企业管理信息化旨在精简机构和业务的流程，这样不仅能够减少劳动力成本，还能提高工作效率，也可以实现无纸化办公、无纸化设计和创造，同时节约大量的纸张和相关费用，效果将会非常显著。

　　其次，在传统管理模式下，企业管理层在决策时往往因为层级烦琐致使出现决策效率慢的现象。在现今企业中，所有产业均需要有信息数据作为支撑，所以一个企业要发展什么项目、开展什么业务，都需要在进行数据调研和统计分析之后再进行最终的决策，这将有利于对行业发展情况的把握，而在此基础上做出的决策无疑是更准确的。质量管理信息化建设将会缩短企业进行数据分析和核对的时间，从而提高企业对于某项业务或项目的决策效率，并且在合理的信息化数据下所做出的决策会比传统模式下所做出的决策更准确。

　　T公司目前的信息数据分析均是通过人力操作完成的，这会给企业增加更多的人力资源成本，而且在处理信息数据时，人力的速度远不如电脑的处理速度，所以人力操作一定会延长项目或业务研发和交付的时间，不利于企业长期的发展。人工操作要受到各种能力的制约，如员工对业务的熟练程度、操作效率高低以及完成度的好坏等，这都将导致在进行数据分析时所产生的结果出现不一致。人力在经过大量烦琐的操作后，也会出现疲劳的现象，从而导致在工作中出现各种问题。这些问题可能会对公司的效益造成损害，也可能会使部门的业绩下滑，影响整个团队。人力资源安排不合理也可能会造成增加公司人力成本和降低整体的工作效率。

　　T公司为了实现可持续发展，采用内审的方式来判定公司是否一直稳步发展。内审能够推动企业内部不断改进发展规划以适应企业未来的发展方向。T公司在2016年进行了一次内审，在内审过程中发现人工手动操作出现大量数据偏差，这成为公司亟待解决的问题。而这一问题要想能够又好又快地解决，信息技术将是其最好的选择。充分利用信息技术将有利于提高办理业务的效率，增强数据分析的能力，提高企业经济增长质量，实现经济的可持续发展。

　　再次，在对T公司实地考察和充分调研后，了解到公司在进行产品生产时一旦出现问题不能够及时地发现和解决。原因是T公司在数据监控方面均是通过人工监控来完成的，需要人力实时对系统进行监控来找到其中的问题所在。这种监控手段不但费时、费力，而且受客观条件和环境的制约。人工监测极易出现差错并且具有延后性，以至于在生产过程中不能很快地发现问题所在，导致产品出厂后不可用，形成资源浪费。同时，因为没有及时对问题出现的原因进行总结和反馈，导致需要通过后期的复盘去模仿当时的情形，在一定程度上会浪费人力、物力和财力。在生产过程中，时间非常重要，遇到问题能够及时解决，将会大大减少生产成本且能够提高工作效率。实时监控出现异常的数据，会让即将出现的问题大事化小、小事化了，并且及时反馈和解决问题，可以扩大企业的正面传播效应，让越来越多的客户信任企业、与企业合作，从而为企业扩充更多的业务提供信任保障。

最后，我们发现 T、公司的信息共享能力差。随着知识经济时代的到来，市场需求越来越多样化，企业对人才的要求也越来越高，所以单靠个人的潜力已无法面对愈加纷杂的市场环境，这就要求企业的员工能够信息共享、相互促进、共同合作。T 公司规模不断扩大，其员工遍布各地，这导致企业员工间的数据信息出现不共享情况，严重影响到企业业务的开展。一些掌握信息比较充足的员工常占据有利地位，而一些信息掌握不充足的员工则处于劣势地位，这使得各个子公司的发展不具一致性。信息化管理体系的搭建需要让公司内的每一位员工在第一时间都获得对等的信息，以便后续团队项目的开展和完善。

（二）项目范围

项目范围是面向项目目标说的。项目范围主要是将项目目标中订立的成果进行更加细致的划分。例如，我们在开展一个项目时，首先会确定项目成果，即项目目标。为了实现项目目标，我们需要确定项目的任务、项目的内容、项目实施的手段和方法，等等，而这些将项目目标进行具体细化的部分被称为项目范围。对于 T 公司来说，项目范围主要围绕质量管理信息化建设这一目标开展。

项目范围的分配，实际上与将一项工作拆解为多个部分有异曲同工之妙。"工作拆解"无非是围绕工作计划进行更加细致的工作划分，这个过程是自上而下进行的，每个细小的工作都有人负责，且能做到精细且准确。这样划分工作便于公司管理层进行层层管理、精细管理，也能让员工增强对公司的归属感。

（三）项目目标

项目目标，顾名思义，即实现项目最终的愿景，在产品和服务上就是能够实现项目的预期成果。一个项目在开展计划和具体执行时，负责项目的所有成员均以实现项目目标为出发点进行工作，且经过大家的不懈努力，这个项目目标最终会实现。

三、T 公司质量管理信息化项目的推行与把控

T 公司在项目范围和项目目标确定且通过了公司管理层的审议后要进入项目推行阶段，而这一阶段需要将已具备的人力、物力和财力付诸实践。项目

推行阶段是整个项目开展的核心环节，是重中之重。项目推行阶段包含两个方面，即项目方案的执行和项目方案的把控。项目方案的执行是指为了实现信息化建设的目标而采用一些计划和策略。项目方案的把控是指为了能让项目计划有序开展，采用一些适宜的指标来确保项目目标的实现，在这个过程中可能会出现一些问题，但这些问题能够通过把控进行及时解决，不影响项目目标实现的进度。

（一）组建项目队伍

项目目标的实现需要组建一支更专业的项目队伍，而这支项目队伍里的人员要有相同的理念和信念，其最重要的工作就是努力实现项目目标。项目队伍里工作人员的工作模式可以选择短期或长期，但每一项工作的完成均需要向上一级领导汇报。一般来说，项目队伍由公司员工组成，但不一定只涉及一个部门，因为一个项目的开展有可能会涉及公司内多个部门业务的开展，所以在人员构成上，项目队伍的人员可以来自多个部门、多个岗位，这个没有固定的限制。

为了组建一支专业的项目队伍，T公司根据公司内部的运营发展模式，抽调了一批人员，由项目经理作为领头人、其他部门员工作为项目建设的工作者，可推动信息化管理的建设。这样搭建项目队伍有两个好处：一个是所有员工都适应公司的管理模式，每个部门的职能不相同，这有利于在信息化建设中提供建议；另一个是所有部门的员工虽有各自负责的内容，但同属于整个项目建设，这将为项目经理在开展相关业务时提供助推作用。融合了各个职能部门的特点，又由优秀的项目经理领导的团队，可为未来的信息化建设提供更强大的动力。这样的组织结构又被人们称为矩阵型组织结构，在现今非常常见，它一方面可以保留原有职能部门的优点，另一方也能够迅速发展出更新颖的产品或服务，以此适应不断变化的环境。矩阵型组织结构一方面有利于把各职能部门的有关人员联系起来，利于他们沟通信息，促进职能部门之间的协作；另一方面有利于减轻高层管理人员的负担，使高层管理人员集中精力制订更加符合企业发展的管理战略和目标。

（二）项目进度管理

在项目执行的过程中，需要适时监测项目的进度，而项目进度管理则是根据最终实现项目目标的时间成本做出的。在项目建设开展前需要制订阶段性进度指标，并且项目团队成员要在每进行一段时间项目搭建后，对照项目进度指标看完成情况，以便于对项目进程有更加清晰的把握。要尽量避免与项目进度指标产生误差，如果在对照时出现误差，项目队伍建设者要及时进行改进、分析和总结原因，以免下一项目进度指标还出现偏差，从而推动整个信息化建设有序进行。

要想制订可行性强的项目进度计划，则需要合理规划每个项目进度计划里项目活动的顺序，通过研究项目活动的意义和期间的关联，来确定项目活动开展的次序；要保证项目活动的开展思路和方法具有一致性，为后续形成标准的项目活动途径以及项目活动流程奠定基础。

制订项目进度计划需要结合项目活动的概念、项目活动的顺序、所需要的期限和使用的资源，等等，对即将要开始的项目进行时间上的安排。制订比较详尽且可操作性强的项目进度计划，统筹安排整个项目的管理工作，有利于项目在各方面都有条不紊地进行。项目进度计划并不是一成不变的，要结合项目业务的开展情况、资源和成本使用的情况进行更新和优化，以确保项目进度计划更合理、更符合实际。项目进度计划的制订有很多方法，比较常见的是甘特图。甘特图是项目管理中最常用的工具，它的核心不是通过使用何种工具去完成对项目的管理和监督，而是将整个项目工作进行拆解、细化，并对各项工作的衔接给出具体安排。这样会使项目的完成情况更加清晰明了，而且对于项目管理人员来说，会使他们在人员安排和工作分配上趋于更合理。

项目在一般情况下并不会按照既定的方向发展，都会遇到大大小小的问题。例如，环境因素的影响、人员的流动或者资源的缺乏，等等，这就会使原有的项目进度计划不得不做出改变和修正。下面将具体分析项目进度偏离计划的原因。

（1）项目进度计划，实际上指客观环境下项目未来开展的情况，是对未来工作不确定性的一种预判。这种预判虽然是工作人员进行了大量调研甚至结合了很多数据分析产生的结果，但它在实施的过程中是很难与现实情况完全相匹配的。

（2）项目进度计划的制订人员和通过计划的审议决策人员的情感观念、对项目的理解以及理念的不同，都会导致计划在执行时出现偏差。

（3）受公司内外部资源以及各种其他环境的不确定性影响，计划在执行的过程中往往或多或少会受到一些制约。

以上均是计划执行过程中的不确定因素。出现这些问题时要能够及时做出调整和修改，以确保项目建设的有序进行。

T公司质量管理信息化建设在初始阶段是比较顺畅的，能够按照项目进度计划进行，并且前期目标的实现要比预想得更快，这提高了员工的积极性，激发了团队的活力。在进行第二阶段项目搭建时，计划目标出现了偏差。第二阶段项目内容为搭建质量管理数据库，在进行过程中工作人员发现数据库的搭建需要技术水平更高超的信息化人才，而现有的团队成员无法实现这一板块的搭建。这个阶段出现问题是因为工作人员对搭建项目的技术层面理解不到位，致使团队内部成员的水平没有办法满足技术需要，因此在项目经理的带动下修正原有计划，通过与其他软件公司合作来重新开启质量管理数据库的搭建。在与其他软件公司沟通以及对接需求的过程中浪费了一点时间，致使第二阶段的项目进度指标延迟完成。但前期细致的对接和技术层面的加持，使后期数据库的搭建呈现出很好的效果，最终对整体的项目搭建计划并没有产生很大的影响。

（三）项目成本管理

项目成本主要是指项目在搭建过程中所要耗费的人力、物力和财力成本，而项目成本管理则是指承接项目搭建的人员根据甲方给出的预算成本在执行的过程中对所发生费用的管理，主要通过计划、预测、控制和协调等将成本控制在既定预算内。项目成本管理通过三个流程完成：首先，需要制订项目成本管理计划；其次，进行成本估算和成本预算；最后，在实施过程中进行有效的成本把控。

项目成本的预算是在项目成本估算的基础上，对项目建设过程中每个环节需要支付的费用进行预算安排，其旨在精确每个项目活动所需要的预算成本，在此基础上确定在实施过程中发生意外情况而准备的保证金的数额以及使用这笔成本的原则。

一般情况下，项目成本的预算方法有两种，一种是自上而下的预算法，另一种是自下而上的预算法。这两种方法中比较常用的是后一种。后者预算方法是先计算最底层人员项目活动开展的成本，再计算上一级部门项目活动的预算成本，然后将每层成本加到一起汇总到最上层部门，形成总预算，最后再将总预算分配到各个职责部门。

因此，T公司根据公司发展的现状，在信息化建设搭建的过程中耗费的人力和资源无特殊情况均来自公司内部的情况下，经过最终计算确定信息化建设搭建项目成本要控制在五十万元人民币左右。

总预算的成本计算完成后，需要将预算成本分到各个职责部门，而各个职责部门再根据项目搭建计划分到每个工期中。工期都是根据项目进度计划来进行划分的。这样在具体的时间内，就可以计算每个阶段的工作花费了多少预算成本，最终通过累加每个工期的预算成本，就得到整个项目成本完成度的标准。每个工期呈现的预算成本状况，又能绘制预算成本点状图或者柱状图，以用来明确阶段性项目具体的耗费预算成本的情况。

（四）项目实施的关键点

质量管理信息化建设项目实施的关键是要获得产品生产过程中出现的数据信息，通过信息化系统进行综合分析和比对，这样，产品质量出现的问题可以很清晰地显现出来，把产品质量出现的问题上报到之前搭建的信息数据库里，从而使员工第一时间获取产品信息，从而实现信息及时共享的目的。

1.制订质量数据收集规则

产品生产过程中产生的一系列的数据信息是产品在初始阶段最初的形态表现，所以 T 公司进行质量管理信息化建设的必要条件便是分析产品生产过程中出现的数据信息。当然，工作人员首先需要获得这些数据信息，再在此基础上进行更加深入的计算和解析。通过计算和解析产品的数据信息，工作人员将对产品整体的质量有一个更加清晰的把握，这是未来产品规划中非常重要的一项内容。但因为产品数据信息的批量化，机器若要都进行分析，恐怕也分析不过来，所以分析质量数据信息采取的方式是抽取部分样本信息进行分析。

结合抽样分析产品的数据信息与产品出厂的总数，就能计算出产品生产的通过率、返厂率及不合格率，在此基础上也能对阶段性的工作质量进行很清晰的评价和总结。对产品信息采取抽样分析，不是统一按照一定区间去进行抽样，而是采取随机选择产品信息的方式，经过一系列的计算和分析，最终通过系统反馈出来的结果就能分析出这批产品的整体程度是什么样的。抽样分析的好处是经济性比较强、节省资源、节约成本，而且不随检测人员的主观想法而变动，这就使得出厂的每个产品都能有同等被抽到的概率。抽样检查方式的准确率和实效性也是非常高的，这种方法可以普遍应用到一些产品质量监测和具有很高难度系数的检验上，它也因适应面比较广而多被企业采用。抽样检查分为分层级检测产品、等距离抽取样本、简单随机抽取样本、整体抽取样本以及抽取各个阶段的样本等检测方法。

产品质量数据信息因为抽取的方式不同，所以制订反馈结果的标准也就不尽相同。产品的质量管理层通常会在结合公司生产业务的特点、对标行业的先进经验，以及综合分析生产过程中使用的设备、技术的纯熟度的基础上来制订质量数据信息的标准。对于产品抽样后反馈出来的数据信息，质量管理层会提高对这些数据信息的分析和计算能力，以确保分析全面、计算准确，从而反馈出生产的产品的总体质量水平。

T公司结合公司业务的实际情况制订了清晰的产品质量数据信息收集规则，且在质量管理信息化系统中投入使用。

（1）T公司结合公司生产业务的特点，对标行业的先进案例以及国际化的统一规定，制订采取抽取部分产品数据信息的方式。

（2）在抽取部分产品信息后要进行统一检测，因为产品的生产步骤不同、产品的复杂程度不同，所以会使检测的难度加大。

（3）随着市场定制化需求的增大，所有被检验的产品需要结合客户的需求进行检验。

（4）对于抽样产品在生产过程中所产生的一系列数据信息，均需要被录入信息化数据库系统，且要将公司制订的原则一并录入进去，以便于之后的查询、监测和反馈。

2.制订质量数据统计分析规则

进行产品数据信息的分析工作是质量信息化要完成的重要内容，且分析反馈出来的结果也有利于企业做出更加准确的抉择。分析产品数据信息，能够及时地对产品的质量有更加准确的把握，也能通过深入地分析及时发现产品的问题，从而制订更加完备的解决方案。这个过程中采用质量管理信息化系统，会比传统的人力监测反馈更加高效率，且准确性也会更高。对于抽样产品出现的问题，一方面信息化系统能够更加及时捕捉问题所在，并且对于生产产品的员工来说也能及时发现和改善，这对企业来说无疑会节约更多的成本，且会提高企业信誉度；另一方面通过对产品质量数据的把控，对于员工来说会形成很好的绩效考核标准，产品质量合格将是很好的激励标准。

产品质量数据信息的检测结果一般会通过对产品的归属类别、对比解析、总结归纳、筛查核对等方法进行统一反馈。

产品的质量数据信息分析要遵守企业制订的标准，通过不同的抽样方式和使用工具，进而对数据信息进行更加深层次的分析，并且找到数据信息间存在的联系等。在分析产品数据信息时，所要遵照的标准如下。

（1）在分析产品数据信息时一定要注意准确性，通过运用合理的方式和方法，寻找产品之间的规律和联系，为企业后期订立有关产品质量信息标准奠定基础。

（2）分析数据信息时，力求进行更深层次的分析，切记不要只看到数据信息的外表层面，要从多个层面出发去研究这些数据信息，以获得更加准确的反馈结果。

（3）在进行产品数据信息分析时，要进行更加深层次的思考，要挖掘更有价值的信息。

（4）分析数据信息要按照操作方法一步一步执行，要保证数据信息的合理性和客观性，切不可为了完成任务，将两个没有联系的产品数据信息放在一起，以应付了事。分析产品数据信息时，要结合产品本身的特点以及最终的产品质量标准，选择最合适的方式进行分析。

T公司按照制订的数据信息分析原则，通过反馈产品数据信息获得的结果搭建分析数据信息的平台，并通过这些反馈结果完成信息化系统应用的搭建工作。案例说明如下。

（1）产品数据信息众多，首先要从数据信息类别上出发进行分类管理。

（2）产品数据信息的获取时间要按照产品质量的特点决定。

（3）将获得的产品数据信息按照类别在数据的统计表中进行登记。

（4）将之前登记的数据信息铺设在信息化系统应用里。应用会对数据信息进行比对和解析，最终生成数据信息反馈表，为管理层提供数据来源。

3.建立质量异常管理机制

企业进行质量管理信息化建设是为了提前预防和判断问题发生的概率，但在实现这个目的时总会难以避免地出现一些问题。企业需要在出现问题后及时解决，提高处理问题的效率。在处理问题时我们发现一个完善的质量异常管理制度是很重要的。它不仅能够帮助企业及时发现问题，而且会在企业处理问题时提供详尽的方案和计划。产品的质量异常管理应该由信息化技术去完成，而不是采用人工操作的手段。人工进行实时监测和反馈会耗费很多人力资源，且企业的支出成本也会较高，另外，受一些客观环境因素的制约，人工操作的准确性也没有机器的准确性高，所以我们需要搭建质量异常信息化管理系统，以便于企业在产品质量层面实现信息化管理。

一旦判定产品质量出现异常，在处理出现的异常问题时，要遵循一定的原则，权责分明，处理过程清晰明了，改善方法落实到位，制度更加完善，以及处理质量问题的举措要更加严格。产品质量一旦出现异常预警，企业的管理层就需要组织各部门参加产品质量的评价和审核，并且对于产品质量出现问题的数据信息要进行备份管理。

企业对于产品出现的质量问题切记一定不能无抓手地处理，要根据处理原则和标准去解决异常情况。对于产品或者服务出现的质量问题，现今比较常用的一种解决问题的工具是"8D"。"8D"是指在产品出现问题时，通过八个步骤解决。这八个步骤依次为成立解决问题团队、问题情况进行说明、对临时举措进行执行、找到问题发生的原因、找到永久解决问题的举措、防止类似问题再次发生的措施和确定团队未来发展规划。

T公司为了让产品质量更加优质，会在产品质量出现异常时按照如下原则进行处理。

（1）建立质量管理异常机制的原则，在这个过程中需要结合产品的特点及时制订预防问题发生的方案、异常问题处置的方法和之后进行总结和反馈的技巧，等等。

（2）在进行产品生产时，预警方案要最先启动，以便更好地监测产品的数据信息，一旦出现异常，能够及时捕捉和反馈。

（3）产品质量一旦出现问题，信息化系统应用通过预警系统率先获得感知，然后根据异常数据信息呈现反馈结果，最后通过"8D"工具拆解处理异常工作的步骤，每一步都必须在通过异常处置标准后方可进行下一步。处理完毕后，数据信息须上传信息系统并做好备份，以便在后续出现问题时做参照。

4.建立和共享质量数据库

建立和共享企业产品的质量数据库，能够实现企业产品的质量信息的统一管理，使企业的质量管理工作处于整体统筹的状态中。实现质量数据系统共享，能够为企业减少质量数据的采集、存储和管理上重复的资源浪费，降低成本消耗，帮助企业统筹兼顾产品信息，为产品的质量改善提供可靠的信息依据。建立和共享质量数据库分五个阶段，分别为需求分析、概念设计、逻辑设计、数据库实施以及运行优化与维护。质量数据库的实施是指将质量信息数据模拟成现实中的对象来管理。

T公司在整个质量链上建立了完整的信息化数据库，贯穿原材料质量管理、生产过程质量管理、成品出货质量管理、客户端质量管理的全过程，根据每个过程的特性和需求，有针对性地建立信息化数据平台系统，形成了一套产品制造全生命周期的管理系统。

（1）原材料质量管理信息化系统

为降低人员操作次数，减少不必要的时间浪费，保证数据记录的快速、准确，节省纸质成本并实现随时查询的功能，T公司建立完善的入料信息化系统。入料信息化系统以进料质量控制系统为主体系统（Incoming Quality Control，简称 IQC），以统计过程控制系统（Statistical Process Control，简称 SPC）、每百万的缺陷数系统（Defect Part Per Million，简称 DPPM）、材料审查会议系统（Material Review Board，简称 MRB）、批次接收率系统（Lot Acceptance Rate，简称 LAR）为四个子系统进行运作。各子系统的上线，极大地提高了 IQC 对入料数据及整体状况的把握水平，也更大地发挥了 IQC 对于来料预警的效果和作用。

首先，是 IQC 系统。IQC 系统与公司内部"ERP"系统相关联，系统会自动导入入料信息到 IQC 系统中并生成检验报表（检验单号由"年 + 月 + 日 + 序号"组成），检验结束后检验结果自动回传到"ERP"系统。在检验记录界面输入料号，系统可以自动筛选出对应此料号之前所有批次的检验信息和检验结果。

使用 IQC 系统要遵循一定的原则。

① 在进行物料检验时，首先会从物料的表面开始进行检验。在检验五批次的物料表面后，系统会自动判断是否需要更加严格的检验，并且系统可以选择产品质量的水平控制在什么样的数值内，也可以控制产品抽样的数量。信息化系统也可以根据抽样产品质量反馈结果去衡量是否再增加一次检验。第二次检验时信息化系统会匹配第一次检验的结果。这时候，部门员工只需要观察第二次检验产品的表面就可以。

② 产品在进行尺寸验收时，如果前一批的产品质量呈现不佳的效果，那么第二批产品就需要考虑是否需要更加严格的检验。

③ 在产品性能的验收上，如果前一批产品的性能呈现不佳的效果，那么第二批产品就需要考虑是否需要更加严格的检验。

④ 系统也可以自动对物料的环保能力做出判断。例如，物料如果在一个月内进行过环保方面的处理，那么系统应用将会显示无须再次进行环保的处理；反之，系统将会提示登记环保处理的相关信息。

由于增加了质量异常管理体制，在检验产品的物料时就有可能会出现问题，这时就需要停止检验。停止检验是 IQC 常用的手段之一。停止检验的预警有利于增强 IQC 检验物料信息的正确性，并通过预警让企业及时发现问题，并尽快给出解决问题的方案。在系统应用提前设置好数据的情况下，企业在进行物料检验时，系统都会自动核查前四批物料的检验情况，如果前四批物料的检验情况呈现不佳的效果，系统会自动报告给上级领导部门，并发出此次为第五批检验的信号。如果第五批物料的检验成果依然是不佳的效果，则会使系统开启冻结模式，也就是 IQC 停止再进行检验。这时工作人员就需要核查处于停止检验的物料号码，查看问题所在并及时解决问题。之后在工作人员的手动操作下，物料检验是可以重新再被启动的。

其次，SPC 系统能够对产品的生产材料进行监测和控制，并且能够及时发出预警信息。此系统的功能主要是对生产过程中的各个阶段进行实时监控和预测，若出现物料不合格的情况，能够及时向有关部门发布不良预测信息，以便使生产产品的部门及时做出预判和改进，以达到保证质量的目的。SPC 系统会从产品多个特点出发进行分析和反馈，如从产品的性能、尺寸、外观以及产品的舒适度等几个方面去进行研究和预测。异常预警涵盖产品质量不合格预警、物料尺寸预警、物料实际加工能力预警，等等。信息化系统会按照已经设定好的逻辑公式对检验物料进行计算。如果计算的数值与标准不匹配甚至更低，系统则会自动向上级部门报告。这就要求负责产品的员工及时处理和纠正问题。若未得到负责产品人员的回应，系统将会继续向上反映，一直到问题得以解决后才不会再显示预警信息。例如，工艺品的制作常常需要很多规格数，规格设计完毕后投入生产，在生产过程中会受到一些客观因素的影响，规格出现波动幅度，而系统能够及时捕捉到这一信息，并及时反馈给供应商，使供应商及时进行纠正和调整，避免更大问题的出现。

DPPM 系统主要是为了提高产品的合格率而采用的，非常适用于企业产品生产。通过每天登录该系统，实时了解产品物料的情况，对于数据信息波动幅度较大的物料可以及时上报主管部门，并且技术手段的应用也可以自动生成数据信息统计表，减少数据统计员的工作，提高其工作效率，节约了时间成本。按照不同的生产时间、产品规格以及生产环节等，设置不同内容，以便企业员工能够快速查阅。DPPM 的数值每天都会发布，发布后则需要员工核查当天产生的数值，若当天数值不合格，则需要进行物料预警。DPPM 系统发出预警后，会给上级部门发送超出标准材料的供应商的 DPPM 数值图、供应商生产材料规格的 DPPM 数值图以及总体的 DPPM 数值图，使上级部门能够更加直观地了解预警产生的原因，并及时给出对策。对于产品来说，DPPM 数值越低，证明其产品的质量越好。

MRB 系统的使用会对 T 公司物料的采购有很大的帮助。根据前期对 T 公司业务板块调研可知，目前公司特殊采购物料的情况比较多，这种情况下要想更快地知道这批物料的好坏，就需要用到 MRB 系统。在 MRB 系统里，如果进货材料达不到合格的标准，系统就会自动产生预警，并报送到上级领导部门，以提高产品质量。

信息化系统会根据产品质量的数据信息自动生成图表，并且将图表反映的问题每天按照约定时间向上级管理部门发布报告。给上级部门发送的报告内容为超标材料的供应商的 MRB 生成结果、供应商生产材料规格的 MRB 生成结果以及总体的 MRB 生成结果。这样在上级部门的监督下，供应商提供的物料质量水平会逐渐提高。一些公司通过信息化系统的有效监测，使得物料特殊采购率大大降低，成为行业内的榜样公司。

通过前面搭建的物料质量的预警系统，能够非常精确地计算出 LAR 的数值，这样可以随时对各供应商供应的物料情况进行监测，也能将监测到的数据及时上报给各级部门。这就要求供应商提供质量上乘的物料，以确保产品质量过关、生产顺利。LAR 值在设定窗格时可采用物料的日期、型号、种类等，每天给上级部门按照约定时间发送预警报告。给上级部门发送的报告内容为超标材料的供应商的 LAR 数值图、供应商生产材料规格的 LAR 数值图以及总体的 LAR 数值图。若未得到负责人员的回应，系统将会继续向上反映，一直到问题得以解决后才不会再显示预警信息。

（2）生产过程质量管理信息化系统

T 公司为了提高产品质量，建立了产品在生产的过程中的信息化系统，其中包括三个程序：持续可靠性测试（Ongoing Reliability Test，简称 ORT）、点检（Particle）和静电释放（Electro-Static discharge，简称 ESD）程序。通过这三个程序实时对产品质量进行监测和把控，对出现的异常数据参照标准数据，进行异常问题的预警报告。该系统能够自动生成异常数据报告单，并且及时发布公告。若产品质量出现异常情况，企业会采用"8D"工具对问题进行处理，并且会将监测到的数据信息和反馈结果自动上传和备份到系统上，以便后续查找和翻阅。

第一，ORT 是指为了验证产品品质，模拟流程的一种可靠性测试。一般情况下，物料在相对稳定的情况下，会由 ORT 系统对产品性能、材质、尺寸以及类型进行可靠性测试，以保证产品质量的可靠性。ORT 管理产品质量系统的搭建，对于企业来说会大大减少企业的成本，改善人工手动操作的模式，提高企业员工的工作效率。这个管理系统能将产品质量的分析、产品数据信息的查阅以及出现问题后的异常预警自动上报，无须人工操作。在进行产品的数据信息录入时，设立的选择弹窗可以以产品的规格、产品进厂时间、产品出厂时间、产品操作的地方或产品实验的目的以及反馈结果等作为选项进行记录和查找。信息化系统在对以上数据进行更新和优化时，会按照时间来对 ORT 系统异常报错信息进行制表管理，从而判定产品质量合格与否。

产品在生产过程中产生的数据信息，都会被录进 ORT 系统里。系统会按照标准来核查数据信息，以判断是否要发布异常预警。如果实验的数据信息没有问题，则系统不会发布异常预警；如果实验数据信息在进行比对时产生错误判断，系统则会在当天就发布异常预警报告。若未得到负责人员的回应，系统将会继续向上反映，一直到问题得以解决后才不会再显示预警信息。在 T 公司质量管理信息化建设开展之后，异常预警的发布率一直在降低。

第二，Particle 管理系统。Particle 点检系统是对工厂所有需要进行 Particle 监控点位，按工厂 / 区域 / 生产线体 / 机台进行编号，员工每天根据日程安排对各监控点进行测试，并将测试结果与标准进行比对，及时进行异常反馈的系统。Particle 管理系统实时监控 Particle 测试结果，自动发送异常点信息，使异常点位信息能够及时自动发送给责任人，通知责任人员及时处理，提高工作效率，提高超标点的处理效率。Particle 管理系统节约了人员查询异常的时间；提高了异常的反馈速度，使异常得到及时处理；增强了异常反馈信息发送的规范性，减少理解偏差导致异常处理的延误。

Particle 管理系统可按照时间、班别、层别、表单、不合格点位进行查询，并能自动生成分析图表。系统将在点检数据提交及确认后，自动进行分析并与标准进行对比，将异常相关信息用邮件发送至异常点负责人，推动异常点的改善工作。Particle 管理系统要求责任人在限定时间内解决问题，否则会持续向上级反映，直至问题解决。项目实施后，Particle 符合率持续提升。

ESD 产生于 20 世纪 60 年代，主要探讨静电的来源、静电的危险以及如何防止静电产生。一些研究表明，对于电子产品来说，静电是一种危害极大的存在。这种损害包括两种形态，一种是突然发生的损害，另一种是潜在的损害。突然发生的损害主要是指人们在使用电子产品时，产品的零部件突然发生损害，一般指电子产品部分功能无法启用，需要进行返厂修理。潜在性损害是指静电的危害在日常生活中是潜移默化的，不易被人察觉，但这种危害会一直伴随我们，对我们的身心其实是一种潜在的威胁。所以基于此，企业在生产产品时，要将开展静电防护工作作为产品的重要内容去进行研发。这项工作是长期的，应避免出现疏漏。

企业信息化系统未搭建之前，所有关于产品的数据信息均是通过人工手动登记和录入的，一些数据信息还以纸质版文档的形式存在，这无疑会使工作人员的工作效率降低，且人工成本加大，不利于企业快速、及时地获得数据分析报告，也会导致企业的决策效率降低。搭建 ESD 信息管理系统，所有数据都进行数据信息化管理，将会提高员工的办公效率，减少企业人力的成本，而且该系统有利于更加清晰地把握质量数据信息的情况，这对提升企业品牌度和信誉度有很大好处。

（3）成品出货质量管理信息化系统

成品出货质量管理信息化系统，主要由 OQC（Outgoing Quality Control，简称 OQC）系统和检验矩阵系统组成，为工厂把最后一道关，同时该系统也将检验能力的培养纳入其中。

OQC 系统在使用时需要和供应商生产产品的系统相关联，以保证所获得信息的同一性。在进行系统操作时，抽样检查的原则和标准是要严格遵循的。

T 公司在前期会按照客户对于产品的需求以及对标企业生产产品的经验，对出厂的产品赋予不同的抽样原则和标准，并且抽样原则和标准要在 OQC 系统当中一直客观存在着。之后需要进行操作的公司可以随时随地的调阅里面的数据信息，这就使员工在数据信息的获得上更加便利，之后的操作也更容易。

OQC 系统具有 DPPM 的查找功能。员工可以根据产品的规格、客户的类别、物料加工成产品的流程等分类信息，进行 DPPM 数值和不合格率的查询。对于不符合标准的产品数据信息，OQC 系统会自动发布预警报告，若未得到负责人员的回应，系统将会继续向上反映，一直到问题得以解决后才不再显示预警信息。

出货质量控制对于客户端来说是产品出货之前最后一道产品质量管理工序，它的关键程度可想而知，从而对检验人员的专业能力和服务态度提出更高的要求。

检验人员刚开始时对不合格数据信息的认知不准确，通过一周的培训后，呈现的效果依然不好，而在导入检验矩阵系统后，检测人员则对产品检验有了更加明确的认知。通过 OQC 系统进行不合格数据信息分类后，将不合格数据信息的操作步骤和程序分别做出概念的定义，让检测人员对不合格数据信息进行抽样选取，对检验到的不合格数据进行拍照，再结合不合格数据出现的原则以及解决办法，通过专业的检测人员进行数据汇总和整理，最终研发人员通过搭建筛选和上传功能使这些不合格数据信息能够及时上传和进行信息共享，形成检验矩阵。通过这样的系统，员工能够第一时间查找到不合格信息的规格、尺寸以及出现问题如何进行解决等，提高了员工处理问题的时效性和准确性。

　　检验矩阵涵盖产品的检验次序、检验方法、产品不合格的原因等方面。每个检验质量的站点，为了防止在检验中出现应检未检的情况，在出现问题时会及时进行加严检验的指令，从而减少损失。但进行加严检验时，也会出现不利的因素。例如，检验人员进行加严检验时会出现产品从后面逐渐向前面收严的情况，这会造成最前面的产品出现质量过剩。检验矩阵系统有一个特别的功能，即会对整个站点不合格的产品进行实时数据信息共享，这样有利于对不合格产品进行全站的精确把控，以减少质量过剩，从而降低企业成本。

　　（4）客户端质量管理信息化系统

　　评估产品质量最重要的一个因素就是客户那边所呈现出来的产品质量数据。客户端产品质量数据信息一方面与产品质量有很大关系，另一方面与企业能否及时处理产品质量异常的问题也有很大的关系，其中处理异常问题会间接影响到客户对企业以及产品的整体满意度。但处理质量异常问题时会受到地域上的限制，所以基于此企业更要建立一个更加完整的质量管理信息化系统，可以对产品质量数据信息监测得更完整且时效性更强。T公司为了提升客户的满意度，搭建了基于客户的信息化应用系统，其应用主要包含 DPPM 管理系统和退料审查（Return Material Authorization，简称 RMA）管理系统。

　　① DPPM 管理系统

　　T 公司在未搭建质量管理信息化系统前，客户端产品质量数据来自检测人员每天的数据信息手动汇总上报以及产品设计人员的分析结果。随着 T 公司业务板块不断扩建，业务内容也在逐渐增多，所需要的产品质量数据信息更加要求精细化，已有的手动操作上报模式工作效率低、准确率低且时间成本高，已经满足不了现今业务的需求，因此，企业迫切需要一个高时效且低成本的智能信息化系统。

　　客户端的 DPPM 应用系统的搭建，会大大地提高检测人员的工作效率，并且通过系统实时检测不良产品，及时发现并解决问题，提升了客户的满意度和企业的信誉度。

　　在搭建客户端的 DPPM 应用系统时，开发人员将此应用系统的代码和企业内其他应用系统的代码进行信息共享功能，也就是说，当操作人员在系统上选择产品的信息时，系统会自动查找有关该产品的一系列信息。操作人员若要计算产品的 DPPM 值时，只需要在弹窗内输入产品质量出厂值和不合格率，就可以得出数值。如果数值超出 DPPM 值，应用系统就会及时发出预警报告。操作人员也可以通过手动操作，了解到产生不良值的原因，一般情况下是两类原因：一是产品外表类的原因，二是产品功能类的原因。系统也会自动计算不良数值的总和，对所有不合格的产品自动发出预警报告，若未得到负责人员的回应，系统将会继续向上反映，一直到问题得以解决后才不会再显示预警信息。

②RMA 管理系统

T 公司为了提升客户的满意度，在产品质量部门下设立了一个专门负责客户订制产品后续跟踪反馈的部门，即 RMA 部门。RMA 部门的主要职责是为处理不良产品的返厂维修，不良产品的换货、退货，以及客户投诉等问题。处理不良产品客诉问题时需要多个部门配合，即需要从 SQC、QE、RMA 等几个部门获取数据信息，以找到不良产品产生的原因。如果单纯通过人工去完成的话，费时、费力且准确性不高，所以需要搭建 RMA 系统。

通过 RMA 系统，不良产品的数据值可以自动进行计算，无须人工操作，并且通过该系统也可以生成不良产品缺陷趋势图、RMA 比率图以及 DPPM 值等。RMA 系统可以实时监测每个不良产品的不同之处以及走势，从而根据之前设定的预警报告值，判断是否发送预警报告，一旦发出预警报告，就责令主要负责人进行处理并解决问题，若未得到负责人员的回应，系统将会继续向上反映，一直到问题得以解决后才不会再显示预警信息。

第三节　L 公司信息化建设项目知识管理研究

一、L 公司信息化知识管理平台建设

（一）知识管理组织机构构建

知识管理是一个公司在发展过程中不断形成核心竞争力的重要保障。有了核心竞争力，公司才可以持续向前发展。伴随着经济的蓬勃发展，建立信息化项目知识管理已然成了当今社会的必然趋势。公司要想建设出方便、快捷、有效的信息化建设项目知识管理平台，首先应合理评估自身的价值特点，组建出符合自身特点的知识管理组织体系，按照不同层级的任务要求组建一支拥有高水平、高素质的知识管理队伍，建立起纪律严明、分工明确的各级知识管理机构。各级知识管理机构及管理人员务必要确保知识管理活动及其他各种类型的管理活动的顺利推进与落实，扫清知识共享过程中的问题与障碍，创造出有利于知识共享的良好环境。

为了充分提升公司知识管理水平、制订知识管理战略，公司应根据团队文化设立知识管理委员会及首席知识官。知识管理委员会由知识管理部、人力资源部、信息管理部、技术开发部、销售部等公司各主要部门负责人共同组成。成员间相互学习，统一管理企业知识资产，协调处理知识管理过程中可能出现的各种突发情况和相关问题，为知识管理创造出良好环境。首席知识官也叫作知识主管，是公司设立的专门负责知识管理工作的行政人员，对公司知识管理战略的实现有着重要影响。首席知识官要实时监控公司知识管理方向的总体实施情况，保持公司与外界知识提供者的沟通与合作，为公司提供知识管理所需要的资源和支持等。公司专门设置知识管理项目组，作为一个具有较强灵活性的机构。知识管理项目组需要接受知识管理委员会以及首席知识官共同的指导与监督。在相关知识项目的运行过程中，由公司的副总工程师担任项目经理，负责制订知识管理项目的实施方针，获取知识管理项目所需的各种资源，调动知识管理项目相关部门开展工作的积极性。科技管理部负责知识管理工作的有序落实与推进，协助各部门管理自身的知识内容，同时也是知识管理委员会和首席知识官的办事机构。

优秀的企业需要完备的知识管理体系，而企业的知识管理远远比创立一家企业更困难，需要各个部门相互沟通、齐头并进。人力资源部有义务在各部门的帮助下分析公司现有的人力资源状况，根据工作计划，调整岗位设置情况。在知识管理过程中，人力资源部门设置知识工程师及知识管理员等必要岗位。知识工程师负责服务类工作，可以对不同领域的知识进行分析、整合，从而帮助公司获得最先进、有用的资源，还可以将零散的知识提炼成为系统的有组织性的知识，以便将知识及时记录下来并广为传播。知识管理员隶属于信息管理部，负责知识管理类工作。企业在知识管理过程中还应该积极主动构建企业信息化知识管理系统，有助于知识管理员进行技术维护、开发出更优良的知识管理软件，同时推动知识管理应用系统的广泛使用等。综上可知，企业知识管理体系的形成需要各种不同的角色，如首席知识官、知识工程师、知识管理员等。这些角色看似独立存在，实则相互影响，彼此之间应沟通交流、合作互利，确保知识管理体系稳步发展。

（二）知识管理制度和标准体系建立

目前，由于 L 公司仍然处在知识管理的初级阶段，员工还无法自觉地进行知识资源的共享和传递。为了帮助员工养成知识共享的好习惯，L 公司就必须通过项目实践活动不断总结经验，为员工提供更加完善的知识管理制度。知识管理是保持公司不断运作的重要基础之一。为了实现知识资源在公司内部的共享与传递，提高公司整体管理水平，必须创建并应有一套规范、合理的企业知识管理制度体系，主要包含知识管理组织模式、知识管理流程、知识管理和考核与奖励制度、知识审理制度、知识管理与知识员工职责、知识标准化制度、知识传递及共享制度、知识学习规范培训、知识管理专家管理制度、知识产权保护制度，等等。使用知识管理配套管理机制可以促进各类型的知识建设顺利进行并取得显著成果，为企业在未来的知识建设中获得成功提供了坚实的保障。组织架构作为企业运转、职能规划的基本结构，是知识工程项目得以建设和发展的重要保障，是推进各种制度有效运行的重要基础，同时辅助领导阶层日常知识工作的有序进行。

随着经济、文化的持续发展，企业知识管理的标准在不断升级，成熟的业务过程以及管理制度正在逐渐成为企业知识管理的重要组成部分。知识对企业的发展与创新发挥重要作用。知识可以分为隐性知识和显性知识两种类型。隐性知识是一种高度个人化的知识，因此很难传递给他人。L公司近些年因为实行信息化建设，已经建立了大量的企业规范制度，如确立了企业的三大规范，即设计规范、工艺规范、试验规范。目前，L公司已经开始着手将员工头脑中大量的隐性知识通过企业标准规范转化成可供大家运用的显性知识。知识标准化体系建设成为企业持续发展的基础条件，有利于推进知识管理体系的运行。企业的知识管理标准体系虽然在不断地发展，但是仍然存在一些不足之处，需要进一步完善企业知识管理标准体系，如知识利用标准、知识数据清理标准、知识共享标准、知识管理评价标准、知识管理工具标准，等等。

（三）以知识管理为中心的信息化体系重构

企业信息化建设有利于提升企业的核心竞争力，加速企业的发展。在全球知识不断信息化的当今社会，建构公司的知识信息化体系已然成为决定成败的重要因素。要想实现企业知识信息化，就必须提前对企业进行价值评估以及技术能力方面的测评。首先，确定公司系统的权限及接口关系，明确公司系统中哪些是知识，哪些是需要在业务过程中进行管理的知识。其次，对公司的信息化进行准确分析和理解，设计出符合企业发展意图的信息化建设规划图，形成可以与公司的PLM、ERP、OA、MES、HCM等系统集成的建设构想，不断提升企业在研发、生产、制造、管理等方面的运营效率，降低企业运行成本，提高企业内部知识数据的一致性，从而提升企业的核心竞争力，具体操作如下。

（1）建立企业统一门户网站，为员工提供知识管理服务，在平台上展示出

PLM、ERP、MES 等系统，为员工提供知识地图。员工可以通过查询、检索等方式获得需要的知识。企业还应提供面向内外部人员的出口，让内部人员可以使用企业的局域网，外部人员可以使用互联网，实现在任意时间、地点办公，从而巩固企业与合作伙伴之间的互利关系。这样不仅可以提高企业的工作效率，还可以提高企业的世界影响力。

（2）建立数据库、数据仓库及知识库，用于存储企业的内外部知识，将知识按照不同标准进行分类归档，如分为方法经验、成功案例、研发流程等。在信息化的当今社会，有效运用各类信息资源，是进行企业决策管理的重要前提。数据库等将知识与各种实际任务关联在一起，确保可以提取到所需要的知识。外部知识可以包括市场情况、竞争对手情况、国内外法律法规等；内部知识可以包含人员情况、设备情况、工具情况、企业财务状况、同时实施的项目等。正确利用数据库等可以保证所有员工及时、准确地获得所需信息。

（3）与企业的系统进行集成，如 PLM、ERP、OA、MES 等重要系统，整合企业内各个部门的信息资源，为知识管理提供基础资源，主要涉及三个方面：企业运营管理信息化、研发工艺管理信息化和决策支持信息化。

企业运营管理信息化就是以 OA、ERP、HCM、MES 为基础，结合企业运营、业务流程、人力资源等方面，对企业经营管理的相关资源进行管理。由于ERP-SAP 系统在 L 公司内部的广泛应用，L 公司现已实现了财务业务一体化进程。该系统主要用于管理公司的财务、物料、生产、采购等企业核心任务。财务系统达到了与其他系统的高度合作共享，充分达到了"源头一次记账、终身记账"的目标，这样可以大大减少重复机械操作造成的时间浪费，节约工作资源，彻底实现资金流、业务流、信息流的"三流合一"。不仅 ERP-SAP 系统具有如此高的效率，许多其他的系统也为企业的快速发展贡献了重要力量。例如，ERP 系统可以帮助提升企业的生产准确性，提高企业的生产效率。

研发工艺管理信息化对产品质量进行监控，同时支撑着企业集成产品开发、三维协同设计、三维工艺、仿真分析、供应商管理、工艺规划管理及实验验证数据管理，等等。研发工艺管理信息化可以用于管理公司所研发的产品，有效提高产品的生产效率，降低市场风险，提升公司的核心竞争力。自 2012年开始，L 公司全面推广使用 PLM 系统，目前公司的各个设计开发部以及工艺技术部已经开始全面使用该系统，规范公司相关研发工艺数据管理，提供了更多知识资源，为建立知识管理系统创造了基础条件。PLM 系统使用起来简便、快捷，可以用更少的时间完成更多的产品任务，实时接收任务要求，及时处理需要标准化、工艺审查的设计文档、图纸、技术通知单、图样文档等，大大提高了工作效率。PLM 系统的使用用户只需每天登录系统，就可以进行上线产品的设计、校对、审查等工作。PLM 系统为公司设计及工艺部门的员工提供了不可多得的设计、工艺数据及过程管理平台。公司员工可以使用该系统共享查询、借用、设计研发相关数据。

决策支持信息化是指将企业商务智能、SCM、CRM 三者有机集成起来。科学的信息化决策对企业的经营与发展具有重要作用。对决策进行科学论证，是决策信息化成功的前提。将决策支持信息化系统与知识管理二者有效集成，可以帮助企业提高决策的质量和效率。为了提高企业的市场反应速度，进而提升市场占有率，L 公司目前已经完成建设决策支持信息化系统的总体规划，在得到集团的批复后即可正式开始实施。

（四）知识管理系统搭建

知识管理系统可以用于收集、处理、共享一个组织的全部知识，可以将有价值的经验、成果进行分类保存，有效避免知识的流失，降低企业运营成本，提升企业竞争力。L 公司的知识管理信息系统搭配了知识库目录、多维属性，让使用者可以通过搜索引擎获得相关知识，并通过企业知识门户将知识展现出来，从而实现知识搜索、权限管理、系统维护等功能。为防止知识管理系统成为一座知识孤岛、降低系统开发的工作量，搜索引擎需要从其他系统中继承文档和访问权限。顾名思义，知识管理系统就是一种管理系统。由于业务系统和管理系统是两个相互独立存在的系统，知识管理系统也就不需要满足业务运营的需求，因此知识管理系统从其他系统中获得的文档主要满足文档查阅要求即可。（隐性知识管理工具在不同时期是各不相同的，在初期试用期间主要包括行动后写作和协同写作；经过不断更新优化后的管理工具主要包含知识问答、专家黄页和实践社区等。）随着知识经济时代的到来，知识管理也随着人们对知识的不断重视以及企业经营水平的持续提升而发展起来，知识管理的重点在于以知识为中心进行管理，通过共享知识达到提升企业竞争力的目的。知识管理系统可以最大限度做到知识组织与分享最优化，使企业持续高效运营，成员可以拥有自己的核心能力，及时获得所需知识，提高工作效率与工作质量。知识工程平台是一个专门进行知识管理与运用的整体平台，不仅可以做到人按照任务找知识，还可以使知识按照任务找人。知识工程平台将企业内部以及外部的各种知识资源充分结合，贯穿内容采集、加工、入库维护、管理应用知识的全部生命周期，并且将有效的知识与业务活动关联起来。

互联网信息的采集与预处理对企业知识管理信息系统的建设十分重要，使用丰富的集成接口可以采集企业已有的信息库，并进行预处理。信息的结构化处理可以通过格式转换、自动提取、自动标引等技术实现，支持对词库词表、分类树、采集模板、知识关系、知识地图、专家地图、评价模型、决策模型等进行管理和维护，要最大限度保障用户能够获得全面、准确的信息。多维知识地图是基于词库词表、语义分析、本体、自动分类、自动聚类等技术建构出来的网络关系，可以有效地帮助用户在应用层面获得更全面的知识。自动摘要、知识智能表示等技术可以挖掘出内容中隐含的细微知识，帮助用户在应用层面获得更加准确的知识。支持知识的权限控制，不仅可以实现全文检索、概念检索、关键词检索等重要功能，还可以通过不同的模式查询知识，基于知识关系、行为分析等实现知识的精准推送。信息孤岛的产生具有一定的必然性，信息资源不共享，信息与应用脱节，都是它形成的原因。为了打破信息孤岛，需要将组织内外的知识统一集成到知识工程平台，可以通过可扩展的插件式知识资源集成技术，将知识资源集成在一起，既包含各类文档、文件系统、业务系统和数据库，也包含互联网信息、企业外部文献，等等。深入挖掘知识，构成知识体系：通过对信息进行语义关联、结构化表达和统计分析可以形成具有逻辑关系的知识网络。为了有秩序地将从不同渠道获得的信息进行分类，提高信息分类过程的准确性、时效性和一致性，可以通过信息学习的智能分类功能，处理大量信息资源，从而减少信息手工分类与入库的繁重工作。

二、L公司信息化建设项目准备阶段知识管理

企业信息化建设是企业通过现代信息技术提高企业生产经营水平、提升企业核心竞争力的一项系统性工程。为了记录项目存在的问题、风险等数据，收集项目管理基础数据，本书结合对知识管理、信息化建设项目、企业实际信息化建设项目等的管理经验，提出信息化建设项目知识管理模型。该模型有助于形成项目管理知识库，共享项目的数据信息、文件资源等，防止出现不同途径重复统计相同数据的情况。管理效率的提高对知识管理的有效进行起到了重要作用，将重复出现的同类型问题的解决方案统计在一起，将最优的方案固化，缩减管理同类问题的频率，进而提升信息的管理效率；提高企业员工的知识水平和工作能力，有助于快速找出并解决项目实施过程中出现的问题。信息化建设项目知识管理模型对企业信息化建设具有指导作用。管理模型是企业信息化建设过程中获取项目相关知识、提高建设效率、提升企业管理能力的理论基础。

（一）项目知识管理平台构建

在知识时代，项目知识管理的信息化已然成为现阶段的主流趋势，单一的知识管理模式早已无法满足企业发展的需求。虽然 L 公司近年来基于知识管理理论，进行了一系列的信息化项目建设与基础设施建设，但是由于企业缺少统一的知识管理平台，无法对知识进行深度挖掘，导致获取的知识有限，已有的知识与信息无法支撑起现阶段的业务要求。L 公司现在正处于信息孤岛之中，传统意义上管理的知识是"弱知识"，没能使企业内外部知识管理组织化，缺少有效获取外部知识的途径，导致无法共享内外知识；缺少智能化的检索手段，无法准确推送符合业务需求的知识。企业要以整合组织信息、共享业务知识、汇聚企业文化为主要目标，以业务流程为重要纽带，结合企业现有业务系统，组建出专门适用于企业业务的知识系统，从而实现知识的统一管理与应用，大幅度提高企业的生产效率。因此，L 公司正处于构建信息化建设项目知识管理的紧要关头，急需正确的指导手段和理论知识。

（二）对信息化建设项目实施阶段的知识管理

随着信息时代的不断发展，企业信息化建设已经成为资源共享、优化产业结构、防止运营风险的重要手段。信息化与工业化相互融合成为新的时代发展趋势。企业信息化建设可以有效地提升企业的技术水平和管理能力。为了实现企业转型升级的目标，L 公司开始高度重视信息化建设，并将其纳入企业战略地位，实现信息化建设刻不容缓。商业时代就是激烈竞争的代名词，企业要想在竞争中获取一席之地，就必须不断地提高生产效率、优化资源配置，从而提高竞争力度。企业只有通过信息化手段才有可能真正意义上实现企业的可持续发展。L 公司在信息化建设项目建设过程中，使用搜索引擎将知识门户与各个系统相互集成，通过知识地图或是一站式搜索解决知识存在于不同系统中且不便于查询的问题，实现知识的共享与使用，有效地提高了工作速率。

（三）信息化建设项目收尾阶段知识管理

信息建设项目的收尾阶段也是项目的一个重要管理环节。信息化建设项目具有特殊性，需要进行相关知识的梳理与传递。项目的推广阶段作为信息化建设的关键阶段之一，它不仅影响着项目的成功与否，还关系到如何将项目知识上升到企业层面，也是 L 公司提高企业信息化知识管理程度的桥梁。知识管理作为在经济时代新兴出现的一种新的管理方法，为了调动积极性，从管理的角度不断探索新的管理手段、管理工具，使得信息不断被创造、分享、整合。在工作中，知识管理系统不是孤立存在的，知识管理系统需要同其他系统进行知识方面的融合，从而最大限度上实现不同系统之间知识的转移与共享。

三、L公司信息化建设项目实施阶段知识管理

一般情况下，信息化建设项目实施阶段的特点包括实施周期长、涉及的单位部门多、知识密集，而正是这些特点，导致信息化建设项目与其他项目相比在知识管理方面将要面临更巨大的挑战。知识管理是存在于信息化建设项目实施全过程的重点内容。L公司的信息化建设项目知识管理需要结合所实施的信息化建设项目的特点完成项目的实施：首先，做好知识的规划，列举重要内容，明确所需要的知识类型；其次，确定参加信息化建设项目的各个单位、人员情况以及知识管理的主要目标；最后，在项目实施过程中收集、获取相关知识与数据，构成业务知识并入库管理。做好项目管理是项目有序实施的重要基础和保障。对于怎样做好L公司信息化建设项目实施阶段的知识管理，笔者将提供以下几个有力的措施。

（一）构建项目知识管理实施模型

本书中关于L公司的信息化实施过程中知识管理建设模型是基于对L公司信息化程度现状以及对其他成功企业的调研分析，再结合实际业务状况而建立的。项目知识管理可以划分成五个主要阶段，在知识管理准备阶段，在公司内部进行知识管理相关知识的宣传，从公司领导阶层开始，向公司员工推广知识管理对个人以及公司的影响和作用，使员工可以充分意识到知识管理不仅有利于公司，也有助于员工自身的发展与进步，形成个人利益与集体利益同等重要的责任意识，逐步将知识管理上升到企业文化的地位；与此同时，还需要做一些简单基础的工作，如将企业的管理制度变得标准化。在战略规划阶段，需要明确知识管理的发展战略，制订出符合本公司综合实力的知识目标，了解信息化建设与知识管理的共通点，从而提升公司基础性管理水平，确立知识管理建设长期与短期的目标与方向。在业务规划阶段，首先要结合企业知识管理战略规划进行细致的流程分析、组织架构、知识管理系统架构，等等，还要结合自身情况选择战略合作伙伴，开展相关合作的准备工作等。在具体实施阶段，要明确企业业务流程、知识管理及信息化建设三者之间的联系，并且进行合理、有效的整合工作，同时要发挥自身的协同作用，明确各个部门的工作职能。例如，综合管理部主要负责带领实施部门推进流程，科技管理部负责知识管理工作，信息管理部负责信息化建设工作。在推进业务流程的过程中，要通过组织

调研来确定公司的业务需求，坚定执行发展蓝图。最后是评价与改进阶段。任何发展战略都不是立刻成功的，都需要进行不断的改进与调整。改进并不意味着失败，相反，改进是成功路上的基石，不断积累经验就是在为成功铺一条坚实的道路，总结经验、不断进步才可以为企业增添效益。

（二）明确项目各阶段知识管理内容

1. 相关准备及策划阶段

在明确了 L 公司信息化建设项目的知识管理目标之后，就需要开始做准备工作了。首先，要和公司领导阶层进行充分沟通，使上层领导充分了解知识管理的必要性。有了领导的理解与支持，项目就有了进行下去的有力保障。其次，要形成知识管理的相关制度，并且将知识管理过程中可能有关联的文件信息标准化、规范化。

2. 知识管理战略规划阶段

在本阶段，需要对 L 公司进行知识管理现状以及需求分析，从而分析和规划 L 公司的知识管理的相关策略，确定公司知识管理的近期、中期及长期目标，同时建立知识管理体系、知识分类体系、知识地图等规范标准。为了做好公司知识管理的战略规划，现阶段主要工作包括设计知识管理的制度、知识管理战略、规划知识管理内容、评估知识管理现状、制作知识地图、梳理隐性知识、分析系统需求，以及宣传与培训知识管理。

3. 知识管理业务规划阶段

本阶段要求通过调查问卷或者是访谈的形式对 L 公司知识管理现状进行调查与统计。研发、制造过程中产生的文档数量众多，而且大多数都是核心重要文档。目前，可以作为目录分类备选的主要属性有：专业、项目、项目阶段；研讨需要按照专业—项目类型 / 项目阶段—项目文件的顺序来管理知识。在专业方面，L 公司的业务过程专业性较强，专业之间有较大的差别。项目阶段主要反映了项目的开展过程，可以作为管理知识文档的目录使用。在对公司的信息系统进行梳理的过程中，既要明确系统中哪些是知识、哪些是需要应用并管理的知识，还要明确系统的权限与接口关系。

4. 知识管理系统建设实施阶段

通过搭建知识管理系统，搜索引擎可以通过一定的算法或是策略在互联网中检索所需要的信息，因此，使用搜索引擎可以完成对现有系统知识的抽取并展现在知识门户上，同时完成知识搜索、知识地图、权限管理、系统维护等重要功能。搜索引擎能够完成此项工作的一个很重要原因在于对隐性知识点清单和知识地图清单的梳理。员工间的交流与合作对公司的发展有着促进的作用。公司可以通过知识管理平台为员工创造出可以进行交流的虚拟交流场所，如虚拟社区。隐性知识管理工具主要包含行动后协作、协同协作、知识问答，以及实践社区等。在使用知识管理系统的过程中，关注平台的管理与运维工作是系统得以顺利运行的重要保障。

5. 知识管理评估以及持续完善阶段

最后对公司实施知识管理前后进行评估，评估如企业研发效率、三维模型设计效率、二维图时间等指标，并针对具体环节调整相应的知识管理计划，以提升企业管理水平。在项目知识管理实施初期，可以有针对性地选择企业某一领域进行重点应用及评估。例如，L公司研发信息化环节，试运行后可以在其他领域如制造环节逐步展开，最终形成全企业业务流程的知识管理全覆盖，并持续改善与优化，全面提升企业知识能力以及核心竞争力。

（三）强化项目实施沟通渠道

知识利用是知识管理的目的；知识传递是途径；建立并强化知识的沟通渠道可以提高知识传递的效率，是知识传递的保障。在信息化建设项目实施过程中，知识管理系统能提供协同工作、知识搜索、社区论坛等功能模块，有效提升知识传递效果，支持知识的高效利用，并且应在实施方、软件方、业主方、设备供应商之间建立起共赢的职能关系或合同关系，从而有效统一各参与方的认识，实现各方的知识有效共享。

1. 项目协同工作

信息化建设项目的开展需要调研、设计方案、开发代码、测试系统几大环节交叉推进，需要不同专业、不同部门分工协作。项目参与人员不仅包括企业内部人员，还包括大量的企业外部开发和支持人员。项目协同工作是不同地方的同一项目组成员间对同一问题的研究与讨论，如协同进行开发、协同进行方案讨论、协同进行系统测试、协同进行系统部署等。

2. 项目知识搜索

信息化建设项目实施阶段是一个知识密集的阶段，要实现知识的快速、有效提取，需要必要的知识搜索手段。项目知识搜索工具能够让搜索人员根据属性，如概要、关键词、日期等定位搜索所需要的知识，包括各种技术文件、合同、图纸、模型、规章制度、会议纪要、工作往来文件、计划文件等。

3. 社区论坛

信息化建设项目实施阶段可以建立社区论坛来引导项目各参与人员进行更

广泛的讨论和交流。在此论坛中，用户可以针对某一主题进行交流和共享，可查询、阅读和访问所有人员发布的主题，并对其内容快速反馈，更大地提升知识创新能力。

（四）识别项目知识管理关键点

信息化建设项目中知识管理在项目的整个进行中，不仅仅一个技术系统。信息化建设是知识管理的重要基础，但知识管理不仅要有信息化的支持，还要与组织战略、企业文化、管理制度、团队人员、人员激励手段等多个方面有机结合起来。我们要充分识别项目知识管理成功的关键因素。

（1）知识管理也是"一把手工程"，来自企业高层领导者的强有力的支持至关重要。例如，高层领导者可倡导和宣传知识管理，为基础结构清除障碍，保障资金，再造流程等，必要时可将知识管理工作作为中层管理者的年终绩效考核指标。

（2）合适的激励机制和组织文化的建立，能有效引导大家把各自的知识贡献出来，并纳入同一个系统之中，因为不是所有人都愿意这么做，所以要在企业内培养共享的企业文化并配合一定的奖励手段。

（3）要深刻理解到，知识管理要和企业业务相结合，而不是说仅仅引入了一个系统。知识管理人员和业务人员要对企业业务进行深入挖掘、融合，使业务和知识管理真正地有机结合起来。

（4）知识管理是持续地螺旋形推进的，是隐性知识和显性知识不断转换而创造新知识的过程，所以企业要不断调整自身战略、组织架构。

四、L 公司信息化建设项目收尾阶段知识管理

对于信息化建设项目来说，项目知识管理与企业知识管理之间存在密切的联系。信息化建设项目知识管理不仅是项目层面急需解决的问题，也是企业知识管理层面需要重点关注的问题，因此对于 L 公司而言，要实现信息化建设项目的有效知识管理，需要构建项目知识管理与企业知识管理的集成机制，实现企业知识管理在项目层次和企业层次的良性互动。信息化建设项目收尾阶段的知识管理是实现项目层与企业层知识管理升华的重要环节。信息化建设项目的收尾阶段是项目实施方向项目业务单位移交工作成果，核实验收项目结果及整理交付文件，并系统地转移给维护人员，同时进行项目评价、总结的阶段。公司信息化建设项目收尾阶段知识管理主要集中在项目软硬件设备的交付、用户培训、软硬件设备的最终测评、项目结论、项目试运行手册、相关资料文档

的汇总交接等方面。可以说，项目收尾阶段的知识管理是对整个项目实践过程中的知识获取、沉淀、共享以及利用的过程。有效做好项目收尾阶段的知识管理，可以有效保证公司知识管理能力螺旋式上升。

首先，信息收集需要深度分析方案设计、开发、调试、上线各阶段内部知识，充分考虑各阶段间信息的相互联系，以及有效整合过程中的纵向信息，实现项目内外部知识的及时获取。其次，需要通过项目文件的归类整理和电子化信息平台将收集到的知识沉淀为有序、可转移、显性化的组织过程资产。另外，针对公司信息化建设项目绩效后评价体系的建设和应用，对收尾阶段的知识集成具有显著的提升作用，为项目团队内的经验总结和能力提升提供了制度和平台保证。最后，从知识管理过程中发现的问题和短板出发，对知识管理主体进行针对性培训。这是对整个收尾阶段的知识管理结果的应用，能够达到知识集成能、力提升的效果。

在整个信息化建设项目收尾阶段结束后，经过信息收集可将个体隐性知识有效转化为显性知识，从而进行组织资产的沉淀；将形成的纸质文档和报告提交到项目组，形成项目层面的显性知识；然后由项目部统一递交到项目牵头单位，一般是科技管理部以及信息管理部进行分类存档和电子化处理共享；在项目绩效后评价过程中对资料进行分析，经公司综合管理部消化、吸收、整合与改善，形成 L 公司内流程制度。经过这一过程就有效地将项目知识上升为企业层面的知识；公司人力资源部再对这些知识通过培训进行推广，又转化为全体成员的知识资产；相关员工对知识进行创新性加工后继续应用在所从事的业务工作中或者是新的项目工作中。通过这样不断地进行知识循环，企业知识管理能力、核心竞争能力将得到大幅提升。

第四节　协同视角下工程建设项目管理信息化研究

研究发现，工程建设项目在进行问题处理时往往存在工作人员不及时进行沟通、团队协作能力差、信息不共享等情况，而这些问题的解决迫切需要一个智能信息化系统。信息化系统旨在实现将参与项目的人员形成良好的沟通协作和信息共享功能。这一功能实现的首要前提便是要先建立一个信息化管理体系的方案，即第一，要让参与者清楚信息化管理工作原则；第二，要让参与者清楚工程建设项目管理有关利益方面的出发点；第三，让参与者知道整个工程建设项目要实现信息化管理这个终极目标；第四，要让参与者明确工程建设项目进行信息化管理的实施举措。

一、工程建设项目信息化管理原则

（一）全程原则

工程建设项目需要进行信息化的协作管理，并且要贯穿工程始终，包括项目申请单位获得的行政许可、项目初步设计、招标、投标、项目启动以及项目最后完工检验的环节。我们发现在项目建设过程中，设计人员和工程师需要的数据信息量会越来越多，因此对整个项目产生的数据信息进行整理、汇总和分析就显得至关重要。这需要我们在启动项目建设时，就要开启协同管理的功能，旨在实现快速及时获得整个项目建设的数据信息、材料以及人员分配制度等。对整个工程项目进行全程管理原则，有利于我们更直观了解项目供应链之间的管理，无论是从内部还是从外部，从横向还是从纵向，都对工程项目起到很好的保障作用。

（二）全员原则

工程建设项目要实现管理需要多个部门的协同配合。无论是上级还是下级，管理层还是基层，在工程建设管理中都是举足轻重的角色，都应该加入工程建设管理中。在企业发展的过程中，企业的高层会更加重视企业未来的发展方向，对要投标的工程项目会进行更加深入的研究和分析，来确保工程建设给企业带来更有利的影响。企业的中层往往会在进行思考企业前景的同时，去考虑整个工程项目所需要的人力、物力和财力，以及项目具体落实框架等，从而进行项目的管理。相对高层来说，中层考虑得要更加全面一些。而企业的执行者——管理人员，要从项目执行的每个角度出发去落实项目举措，在项目管理上更重视自己所负责的项目本身。企业的承包商会更加重视项目是否在自己承担的范围内以及所需要的劳动力的管理。企业的基层管理人员，如项目的质检员、安全管理员、成本预算员以及具体项目的测量员等，他们主要偏向自己本工作的管理，对工程建设项目来说，他们仅属于执行部门，基本不参与管理部门的事务。

（三）全要素原则

在进行工程建设时会涉及对所有要素的管理，主要包括人力、物料和设备等要素。工程建设项目对人员的管理是非常重要的，因为人是项目最直接的操作者和执行者，人员的参与度会作为整个项目的重点进行监督。要对工程建设项目进行管理就需要对人员的想法和行为方式进行管理，因为人对项目建设来说是最关键的要素。积极培养人员沟通协作能力有利于提高项目建设的效率，让实施人员不仅对自身的工作有很好的执行能力，对其他相关工作的内容和属性也能有所了解，这样对于推动项目建设管理会起到很大的作用。一般来看，项目实施过程中物料所占成本很高，对于物料的有效管理，将会大大减少支出成本。物料的成本主要体现在购买、运送和质检方面。通过对工程建设物料进行有效、科学的管理和控制，提高购买的合理性，会降低支出成本，也会提高产品质量检测水平，有利于提高项目建设的整体规划度和信誉度。在工程建设项目时，会使用到多个设备，例如，运送的设备、施工的设备以及特殊情况下需要租赁的设备等。在进行设备使用的过程中，要严格按照项目设计方案执行，对设备进行有计划的管理，层层落实设备的使用情况，严格按照工程量来发放，这样将会为项目建设节省更多的成本和资源。另外，比较重要的一点，要提高操作人员使用设备的安全性和熟练程度，在合理使用设备的同时，更加注意安全。

（四）多目标原则

对于检验工程建设管理目标是否达成时，需要从多个维度来看，如工程完成的质量，工程所耗费的时间、成本、资源，以及工程对社会产生的影响等几个方面综合来看。工程建设项目、企业业务内容、不同阶段企业发展方向的不同，都会产生不同的管理目标。研究表明，一些基础项目建设在进行开展时，不仅需要考虑企业自身的利益，往往还会从社会层面和环境层面出发去进行考虑。企业在不同的发展时期，因其时代的特点以及企业自身原因，所以给自己制定的目标并不相同。有研究表明，一个品牌在入驻新的市场时，往往为了快速抢占市场先机，会通过消耗大量的资源、人力和成本，打造企业品牌度和信誉度，以吸引消费者的眼球。工程建设项目里因为每个项目的特点不同，所以每个项目想要完成的目标也就不同。有案例表明，近年来在房地产行业，简装建筑要比传统建筑受欢迎得多。从房地产开发者来看，简装建筑更加注重环保和安全，能够缓解劳务人员少的问题，也能降低人力的成本。

二、工程建设项目信息化管理的利益相关者分析

（一）工程建设项目利益相关者界定

工程建设项目所涉及的利益相关者非常多，有受工程建设影响和对工程建设形成影响的内外部利益相关者。为了使文章论述更加严谨，笔者对工程建设项目涉及的利益相关者给予界定，以便于读者阅读。研究表明，现有关工程建设项目的利益相关者，主要包含一些企事业单位，即政府、建设单位、承建单位、监理单位、勘测单位、设计单位、物料的供应商、金融单位、银行、环保单位、项目附近居民以及风投单位，等等。为了提高调研的准确性，我们也通过 15 名专家的打分来进一步确定利益相关者的优先重要性。其中规定 1 分代表不重要，5 分代表最重要。研究整理表明，工程建设项目中重要的利益相关者依次为政府、建设单位、勘测单位、设计单位、承建单位、监理单位、物料供应商和消费者。

（二）工程建设项目利益相关者关系分析

不同的利益相关者，对工程建设项目追求的效益目标和进行工程建设的价值有很大不同。但一般情况下，如果利益相关者有一个共同负责的工程项目，那么他们常常会为了更好地完成工程项目而投入更多的精力。其中包括人力、设备、物料以及资金的投入，所以利益相关者看似彼此相互制约，实则也存在非常紧密的联系。建设单位属于整个工程的投资方，其中的设计单位、监理单位、测量单位和检测单位都是为其进行服务的，并且对整个工程建设项目或多或少地都有一定的责任。承建单位主要是为承接整个项目工程的承包单位，其服务的主体也是建设单位，根据建设单位提供的设计方案开展执行活动。在进行工程建设项目管理中，所有单位都需要协同作战，缺少其中哪一环都不可以，通过各方的协同努力来推进项目工程的开展和落地。利益相关者虽然在进行工程建设时，所想要达成的目标并不相同，但为了获得自身利益，会从整体和全局出发与其他利益相关者进行联系和沟通协作，以实现自身利益的最大化。进行工程建设项目时，所有利益相关者虽都有着共同的目标，但在实施的过程中彼此又是竞争的关系，即在最大限度地获得个人利益的同时，对其他利益相关者也会产生竞争和挑战。基于此，在建设工程项目时，每个利益共同体在所获得的信息上都有千丝万缕的联系。为了加深读者对利益相关者之间的联系的解读，现用"0"和"1"描述法进行描述。"0"代表两个利益相关者不存在联系，"1"代表两个利益相关者存在联系。通过一系列的调研和分析后，我

们得出建设单位和承建单位是整个项目建设的关键利益所得者，有关工程建设项目的数据信息通过其传播和流动，有利于对项目建设日后的管理。经过准确地计算，二者在网络传播信息方面的密度值为 0.33。这个数值表明，在信息网络层面，二者关联度比较强。后由二者计算网络中心值发现，建设单位与承建单位总距离是最短的，为整个项目建设信息最重要的传播者。因此，在进行工程建设项目启动时，要充分利用建设单位和承建单位信息传播功能，更好地推进项目建设。

通过计算工程建设中涉及的利益相关者的网络中心值，我们发现，距离越短就越加表明彼此之间联系紧密，且通过这样的联系能够有效缩短信息传递的空间距离，也易于清楚知道工程建设项目中信息的主体传达者是谁。

通过以上内容可知，建设单位和承建单位在项目建设过程中是非常重要的存在。因为建设单位是建筑工程的投资方，所以选取建设单位的主观角度去研究项目中涉及的其他利益相关者，如承建单位、设计单位、监理单位和审计单位等。根据工程建设项目的具体内容，对利益相关者实行不同信息化管理方法。利益相关者可以通过管理平台设置不同的昵称和登录密码。随着工程建设进度的不断推进，可以通过此平台进行实时进度上报，以便让各利益相关者之间数据信息共享和互联互通，实现整体经济效益最大化。

三、工程建设项目信息化管理目标

工程建设项目为了实现信息化管理，在多个维度订立目标，其内容主要涵盖项目工程的质量、进展速度、预算、安全、环保以及社会效益等层面，其中预算是整个工程项目最让人关注的关键点。经营企业的目的是实现经济效益的最大化，因此，在工程建设上会首先关注项目的预算以及项目预估成本值。工程建设项目的另一个关注点便是项目的质量，因为项目的质量会与客户的满意度和项目最终呈现的效果有直接的关系；同时，建筑项目的质量也为项目的安全性奠定了基础，项目质量好有利于减少产品返厂率，降低企业的成本。对项目建设进展速度的管理是建设阶段必不可少的管理因素，进展速度慢会拖慢整个项目建设的时间，导致不能按照约定时间完工，致使增加工程成本，造成重大损失；如果进展速度超出竣工时间，则需要严格检测产品的质量，可能会增加工程成本等，一般这种情况是不允许的。建筑工程实现信息化管理以后，需要严格按照设计图纸进行施工，施工过程中根据施工现场的情况制订每天的工作量，并保证每天的任务能够保质保量地完成。安全工作是建筑施工的关键工作。建筑工程中最重要的方面就是要保证所有人员的安全问题，因为不考虑安全工作带来的后果的例子比比皆是。建筑项目在进行施工前，一定要建立完整的安全制度，并严格执行，也要对所有项目人员加强安全教育，提高安全意识。在进行项目建设时尤其要关注环境保护的问题，项目建设的各个管理层要重视环境保护工作，避免环境污染事件的发生，同时要加大环保投入，降低环境污染，如粉尘污染、噪声污染和生活垃圾污染等。工程建设项目的开展往往会带来很大的社会效益。项目建设能够为社会安定提供基础保障，促进相关先进建筑、经济技术行业的发展，从而带动城市城区的发展。

工程建设项目的六个目标都不是单独形成的，每个目标彼此之间都是存在一定联系的。例如，安全目标会影响到项目预算、进展速度以及后期完工时的项目质量等。这就要求项目建设的各个参与者彼此沟通协作，树立正确的团队合作观念，这才是工程建设项目管理最终的目标和愿景。对工程建设项目来说，每个利益相关者虽然追求的利益并不相同，但他们之间也存在一定的联系。例如，投资房地产的商人会重视项目的质量、预算成本以及产生的社会利益；承包项目的人会重视项目的质量、预算成本以及安全等；分包商会侧重预算成本这个层面。对工程建设项目来说，不同利益相关者看问题的角度不同，所追求的层面也就不同，看似简单，实则存在很复杂的关系。

四、工程建设项目信息化管理协同群集成分析

工程建设管理的实现需要协调多个参与者，如相应机关单位、建设单位、图纸设计单位、监测单位、承建单位、监理单位、审核单位、物料的供应商以及最后消费群体，等等。工程建设项目的管理目标包含六个（上文中已论述过），其目标是多维度、多方面的。在进行项目管理的过程中，因为每个参与者所参与的角色不同，要求的内容不同，也就使得每个参与者最终完成的管理目标存在差异化。建设单位会侧重整个建设过程中的建设规划和管理框架的制订，其原因是建设单位是建筑工程的投资方，所以要确保投资资金的盈利性。建设单位作为项目建设的主体，在工程建设管理中有着举足轻重的地位。承建单位是由相关专业人员组成的，是具有相应资质、进行生产活动的单位，其主要是完成建设单位提出的产品制作。设计单位是从事设计服务工作和图纸开发的单位。对于建筑工程来说，设计单位主要是根据建筑工程的特点来给予设计方面的专业服务，其所设计的产品要在工程的预算成本内，保证可行性和可操作性。利益相关者们之间的联系是相互依存又相互牵制的。在这一过程中，相

关的数据信息在这几个部门间不断流通和共享，推动利益相关者在完成自身职责的同时，能帮助和激励其他部门完成项目目标任务，这样有利于达到建设单位提出的要求，并通过一次次的合作加强对彼此之间的联系。工程建设管理是关系到工程建设中所有要素的管理，其中主要的要素是对人员、物料和设备的管理，其他的要素主要是在这三个要素基础上形成的。这三个要素中对人员的管理属于重中之重，因为对人员的管理是通过参与者制订，而后又作用于参与者的。对物料和设备的管理也是通过管理操作人员的行为方式来进行控制的。

通过分析工程建设项目中利益相关者、项目管理目标和项目管理要素等，来阐述建立项目工程管理信息化平台的好处。使用管理信息化平台能够对项目工程的参与者、项目管理目标和管理要素进行彼此衔接，从而实现信息系统的资源共享和协同工作，形成有价值、有效率的统一整体。通过信息资源的共享，参与者能够在建设过程中对出现的问题进行及时解决，同时参与者所提出的方案也可以相互借鉴和采纳，这样在确保获得自身利益的同时，能帮助其他参与者，从而推动工程建设向更高质量发展。

参考文献

[1] 苏国平.信息化项目建设与管理[M].北京：北京航空航天大学出版社，2021.

[2] 韩端锋，李敬花.海工项目信息化管理技术研究[M].哈尔滨：哈尔滨工程大学出版社，2019.

[3] 何清华.建设项目管理信息化[M].北京：中国建筑工业出版社，2011.

[4] 骆汉宾.工程项目管理信息化[M].北京：中国建筑工业出版社，2011.

[5] 吴启迪，陆金山.信息化项目管理导论[M].上海：上海科学技术出版社，2004.

[6] 李清，陈禹六.信息化项目管理[M].北京：机械工业出版社，2004.

[7] 周健.关于加强信息化项目管理能力建设探讨[J].中国新通信，2021（06）：106-107.

[8] 李钊.信息化发展背景下的企业项目管理创新发展[J].中国管理信息化，2021，24（03）：103-105.

[9] 张文亮.基于风险评估的企业信息化项目管理方法[J].中国新通信，2021，23（06）：159-160.

[10] 王桦瑜.浅析信息化项目管理方法及策略[J].中国新通信，2021，23（06）：108-109.

[11] 陈超.工程项目管理信息化建设现状和趋势研究[J].数字技术与应用，2021，39（03）：223-225.

[12] 姜艳青，宁天琪，武占魁.信息化建设实施项目管理的策略与对策分析 [J].信息系统工程，2021（2）：40-41.

[13] 于利贤，吴振全.大数据背景下工程建设项目管理信息化构想 [J].中国信息化，2021（6）：79-80.

[14] 于利贤，吴振全.工程建设项目管理信息化制度建设的重要性 [J].中国信息化，2021（7）：118-120.

[15] 郭娅娜.信息化发展下分析管理信息系统在项目管理中的运用 [J].信息记录材料，2020，21（9）：102-103.

[16] 刘玉波.企业内信息化项目管理过程中存在问题及解决方法 [J].国际公关，2020（5）：141-142.

[17] 代黎平.探析管理信息系统在项目管理中的运用 [J].企业科技与发展，2020（6）：106-107.

[18] 余靖.工程项目管理信息化建设研究 [J].中国高新科技，2020（21）：123-125.

[19] 巩俊奇.国内建筑工程项目管理信息化建设研究 [J].住宅与房地产，2020（21）：122.

[20] 王连.分析企业信息化规划与企业信息化建设 [J].数字通信世界，2020（9）：272-273.

[21] 王康泉.信息化背景下建设工程项目管理的探究 [J].中小企业管理与科技（上旬刊），2019（6）：54-55.

[22] 王欣宇.科技项目管理信息系统应用与创新 [J].科技经济市场，2019（9）：107-108.

[23] 韩亮.工程项目管理信息化建设的相关分析 [J].中小企业管理与科技（下旬刊），2019（11）：1-2.

[24] 甄晓冬.工程项目信息化管理探讨 [J].科学与信息化，2017（14）：160-161.

[25] 汪峻.工程项目管理的信息化应用 [J].江西建材，2017（6）：290-291.

[26] 徐南迪.工程项目管理的信息化探析 [J].中文科技期刊数据库（全文版）工程技术，2017（55）：295.

[27] 顾建莉.项目管理信息化框架和模型的思考[J].经营管理者，2017（32）：74–75.

[28] 刘隽.工程项目管理的信息化探析 [J].山西建筑，2017，43（27）：230–231.

[29] 甘晓利.信息化项目风险管理 [J].中文科技期刊数据库（引文版）工程技术，2017（1）：34.

[30] 刘桂贤.工程项目管理信息化 [J].中文科技期刊数据库（全文版）自然科学，2017（3）：19.

[31] 邹秀梅.浅谈工程项目经营管理信息化 [J].科学与信息化，2017（26）：181，183.

[32] 吴文真.工程项目管理的信息化探析 [J].中文科技期刊数据库（全文版）工程技术，2017（16）：300.

[33] 于毅，范鹏.工程项目管理的信息化探析 [J].中文科技期刊数据库（全文版）工程技术，2017（7）：298.

[34] 尹达君，张忠浩，赵西林.分层次管理下的组织级信息化项目管理模式研究 [J].电力信息与通信技术，2016，14（2）：152–156.

后　记

　　信息技术的迅猛发展推动了信息化建设项目的发展，促进了大数据工程、网络信息系统等信息化项目在社会各方面的普及运用。对于信息化项目的运用，需要选择好项目，然后对项目进行科学的建设与有效的管理，只有这样才能让项目在应用时更加便利与高效，得到预期的建设目标。

　　加快信息化建设，有利于我国产业优化升级，是我国当前现代化建设的重要环节。为此，需要大力推进信息化建设，面向市场需求，紧跟世界信息化发展的步伐，利用信息化来带动我国工业化的发展，从而促进社会各方面的进步。

　　对信息化项目管理的探索既是挑战，又是机遇，只有不断追求进步，才能迈向更好的明天。为此，笔者走访了众多信息化项目管理领域的专家，同时翻阅了众多有关信息化项目管理的资料，积累了大量的经验，为本书的撰写奠定了坚实的理论基础。